ギガ速FX

月の手取り439万円

※2020年5月4日〜6月4日、439万8926円

を獲得したゾーントレードの極意

【完全無修正】

個人FXトレーダー

リオン

JN039320

KADOKAWA

なぜ
2年間全く勝てず拒食症にまでなった
トレーダーが
平均月収200万円になったのか？

私の仕事は声優
小さい時からの
憧れの仕事で

毎日が楽しい

でもこの業界は
完全な買い手市場
給与は安定しない

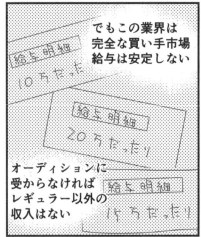

給与明細
10万だったり

給与明細
20万だったり

オーディションに
受からなければ
レギュラー以外の
収入はない

給与明細
0万だったり

そしてどんどん
歳を取っていく私―

両親

親もいつまでも
元気じゃない

さらに下からは
若くて上手なコが
次々入って来る

不景気

番組終了

レギュラー減って行く

打ち切りの案内

声優に限ったこと
ではないが
どんなに頑張っても
収入は簡単には上がらない

日本の年金制度も
あてにはならない

もらえそうにない

みんなに払ってるのに

どうにかしないと!!

株→
元金そんなにない

株券〜

不動産→
安定しない

起業→
今の仕事以外
やれそうにない

!!

そのFX塾は
かなりの高額だったのに
指導はなく
講師のトレースのみだった

みんな勝ってる!!

変なやり方しないで!
みんなが
マネするから!!

あなただけが
勝てないの!

ボロボロに
けなされ―

60万円も支払ったのに
負け続けることで
追い詰められ―

全く食事が
出来なくなり
8キロ痩せ―

ご飯って
食べるんだっけ
どうやって

さらに塾長からの
追い討ちが来た

才能ないので
辞めてください

ホントに
言われた

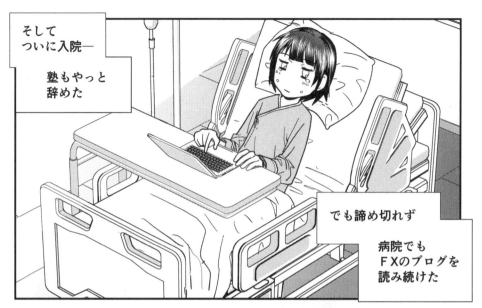

そして
ついに入院―

塾もやっと
辞めた

でも諦め切れず

病院でも
FXのブログを
読み続けた

2018年
10月

ん？

FXブログ

私のトレード観を
180度変える
記事を見つけた

そこには今まで
聞いたことのない言葉が
溢れていた—

自分のやり方で
勝てばOK！
あなたの実力で
黙らせてやれ!!

戻される前に
利食ってしまえ！
勝ち逃げ最強!!

打診で入ればいい
チャンスを逃すな

小さいpipsで
大丈夫！

あなたの実力で
黙らせてやれ

涙が止まらなかった

私…
このまま負けたくない！

ショートのみ

ポンドオージーのみ

塾でけなされたけど
得意なことだけ
やってみよう

分割でエントリー

朝だけ

出来ないことを
やめてみよう

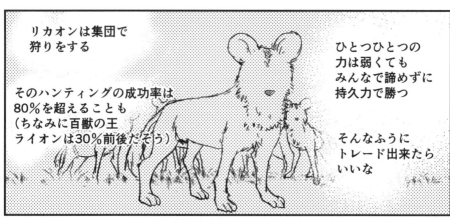

リカオンは集団で
狩りをする

そのハンティングの成功率は
80％を超えることも
（ちなみに百獣の王
ライオンは30％前後だそう）

ひとつひとつの
力は弱くても
みんなで諦めずに
持久力で勝つ

そんなふうに
トレード出来たら
いいな

そして私は
運命の記事に出会って
わずか2週間で
勝てるようになり

↑
その記事の
詳細は1章にて

勝率は80％を超え
7000円しか残って
いなかった
資金も数千万円に

今も常に
月間プラスを
続けている

こうしてFXismの
Vtuber
リオンが誕生しました

そんなリオンの
トレードの秘密を
知りたくないですか？

FX 実録ドキュメント

マニアックな女子FXトレーダー・リオン
AM7時スタートの「モーニングミッション」

FX ポンドオージーショーター・リオン

　AM7時。毎日同じ時間に起きる。今はもう、アラームがなくても自然に目覚めるようになった。そうなるように、自分を改善して来たから。

　起きたらまず、口をゆすいで白湯を飲んで脳と身体を活性化させる。朝食を取って、BSテレビで経済ニュースを観て、大きな経済指標、要人発言をチェックし、発表時間をスマホアラートにセット。

　顔を洗って歯を磨いて……。ここまでで大体1時間。これら全ては、この「後」が淀みなく流れるために私が作り上げて来たルーティン。

「世界中の誰よりも高いところから、誰よりも素早くポンドオージー（GBPAUD）を売る」

　きっと朝起きてすぐ、**ポンドオージー**の今日の方向のみを考えている女子FX投資家は私だけだと思う。

　ポンドオージーは、英国のポンドとオーストラリアの豪ドルを両替するための通貨ペア。FXの世界では**「マイナー通貨ペア」**と言われる組み合わせのひとつ。

　ポンドオージーの貨幣交換といっても、英国ポンドを直接、豪ドルに替えることは出来ないため、一度、英ポンドを米国ドルに両替して、米国ドルを豪ドルに交換することになる。

「メジャー」と呼ばれるドルストレートの組み合わせ（米国ドルが絡む通貨ペア）よりも売買コストは高くなる。それが「マイナー」と呼ばれる通貨ペア達。組み合わせは驚くほど多い。

　そんなマイナーに属する**ポンドオージーだけに絞って、売りだけを狙ってトレードする**。それがリオンのスタイル。

　FX用語で売りのことは「ショート」、ショート（売り）だけを専門に取引するトレーダーは**「ショーター」**。

　ロング（買い）だけに特化したトレーダーは**「ロンガー」**と呼ばれている。

　私、リオンはポンドオージーショーター（図1）。

　リオンは誰が見ても分かりやすいナルシストで、ポンドオージーというマニアックな通貨ペアを相手にひたすら売りのみにこだわっ

図1　ポンドオージーショーターのリオン

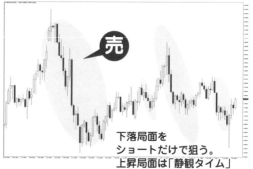

てここまで来られたことを、自分の中で褒め称えている。もちろん誰にも分からないように。

　FXトレードは株式投資と比較しても、**自由度が高過ぎる。**

　取引する通貨ペアは？　ロング（買い）、それともショート（売り）？　取引する時間帯は？　取引ロット（数量）は？　デイトレ、スイング、それともスワップ（通貨間の金利差による利益）狙い？

　何もかも自由で、あらゆることを自分一人で決めなくてはならない。

「この自由さが勝ちを遠ざけてしまっているのではないのかな」。

　ポンドオージーのショートだけに狙いを絞るようになったのは、FXの「自由度」に振り回され2年もの間、全く勝てなかったから。

　トレードは弱肉強食。人の損失を利益に変える。

　過酷なFXの世界で生き残るために、**私が選んだ最良の策は「何をするか」ではなく「何をしないか」。**

　数々の挫折や失敗を経て辿り着いたのは、**究極の「しない」を探すこと**だった。

　FXの取引は世界中でほぼ24時間行われている。

　だけど24時間眠らずに取引できる人間はいないと思うし、「もっと儲けたい！」と欲張ったり、自動売買ソフトを使って24時間取引したりしても、多分、望み通りの結果にはならない。

- **TYO（東京）時間**（朝8時ぐらいから12時ぐらいまでリオンはトレード。遅くても16時にはトレードを終了）
- **欧州時間オープン**（夕方16時〜18時。激しい値動き）
- **NY（ニューヨーク）時間オープン**（夜21時〜0時。遅い時は深夜1時〜2時ぐらいまで活発に取引される）

　取引される時間帯によって、FXの値動きには大きな変化や特色

があるので、全ての時間帯で取引していても恐らく勝てない。世界中で巻き起こるFXの荒波に飲み込まれ、藻屑と消える人をたくさん見て来たし、私も藻屑まで後一歩だった。

選択肢を出来るだけ減らして行く。

欧米の投資家がトレードを終えた**TYO時間は値動きも穏やか**で、ローソク足の上ヒゲサインや移動平均線などのテクニカル指標が示してくれるサインの速度も穏やか。

比較的ゆっくりで値幅は出ないものの、安定した値動きになりやすいTYO時間。

私が一番、居心地のいいフィールド。

TYO時間中に全てのトレードを終わらせ、続く欧州時間以降や翌朝までポジションを持ち続けることはほとんどない。時間を絞り込んでいるから、私の環境認識、戦略の組み立てはとても短時間で済む。

ⓕ 毎朝探すのは「頂点」。世界で今、一番高いところ

2022年9月8日、いつものように、PCモニタ上の**「MT4（メタトレーダー4）」**に**ポンドオージー**のチャートを表示。

ローソク足1本が1週間の値動きを示す「週足」から順番に、「日足」「4時間足」「1時間足」それぞれの今日の形状を確認した後、上位時間足（時間の長いローソク足）から得た情報を、エントリーの時に使う、5分足チャートで整理して行く。

MT4は世界で一番、トレーダーに使用されている高機能チャートソフト。自動売買やバックテスト（過去の値動き検証）も行える。

私のメイン海外FX口座は最大レバレッジ400倍の**「AXIORY（アキシオリー）」**。1ロットは10万通貨。

2022年から2023年現在、私の1回のトレードで一番多いパター

ンは**3～6ロット（30～60万通貨）**で3本～5本。ロット数はその時々の状況で変える。チャンスだと思えば6で、少し微妙だなと思えば3にしている。6ロット（60万通貨）になると10pips動くだけで、1豪ドル92円（2023年2月1日現在）のレート（※）で計算して、**5万5200円もの金額が一瞬で上下する。**

※「レート」とは通貨同士を交換する際の価格のこと。「為替レート」とも言いますが、本書では「レート」で統一して表記します。

　少し前までは1000通貨の取引でさえ怖かったのに、今ではここまで大きな投資金額でトレード出来るようになっている。

　それはこれまで記録した**7割を超える勝率**が自信となって、私を支えてくれているから。

　FXという戦場に降りたら、誰もが自分しか頼れない。

　自分を守るのは、自分がして来た行動の結果から来る自信。

「落ち着いて。大丈夫」

　それだけの準備はして来ている。だから絶対に出来る。

　朝一番の白湯から全てがここに繋がっている。

「生きてるみたい」

　伸びたり縮んだり、**常に規則性もなく動き続けるローソク足**は、時にそれ自体が生命体で意志があるんじゃないかと思わせる。

　陰線で終わるかと思ったその足は、形が確定するラスト数秒で下ヒゲ陽線に変わってしまう。

「あなたの思い通りにはなりませんよ」と言われているみたいに。

　PC画面の5分足チャートを見つめながら、リオンはローソク足が作る形態のひとつ、

　「上ヒゲ」（実体部分の上部から長いヒゲが出たローソク足。レートが急上昇して高値をつけた後、急速に失速したことを示す）

　を常に探している。

　これが出るか出ないかで今後が大きく変わって来る。

図2　2022年9月8日、大陽線後の下落を狙ってリオンがショートしたポイント

リオンの頂点ハント

相場が頂点に達した「バイイングクライマックス」を狙って6ロット60万通貨で3本、計180万通貨の売り

2022年9月8日のポンドオージー5分足チャート

　やがて、5分足チャートのポンドオージーは、待ち望んだ「頂点」を作る動きを見せる。

　それを示したのが図2。遅れないように、でも早過ぎないタイミングで3本のショートを次々と入れていく。

　マシンガンを撃つ時のような大胆さとアフリカの小さなハンター「リカオン」のような狡猾さで。

　普段は小心者なのに、いざトレードをする時は私の中に違う自分が生まれるように思う。

　エントリーの時、「大丈夫。私、出来る」と実際に口に出す癖は負けている時から勝てるようになった今も変わらない。

　パン！　パン!!
　MT4から約定音が聞こえて、頂点を撃ち抜いた感覚の後には

「**ナイアガラ**（※）になるといいな」と願う。

※リオンのFXにまつわるアレコレ
　　滝のように流れ落ちる局面はショーター語で「ガラる」と言われます。ナイアガラ瀑布の「ガラ」
　　から来ていると思われます。

　初動でザーッと、大きく下へ進んでくれたら。

　そうすれば、逃げ惑うロンガーさんの投げ売り（損切り）と、
「これは下（に行く）」と判断した追従のショーター達の新規売りで、
流れは下へ加速して行くんだけど。

　ここまでがエントリー。やっと少しだけ力を抜く。

　エントリーしてしまえば、トレーダーに出来ることはあまりない。

　この後は相場次第なので、その流れの中で最善の策をとって行く
ために見守り続ける。

　図2にもあるように、ポンドオージーは大陽線aをつけて急上昇
している。ショートした箇所は図2に示した3か所で各6ロット、計
180万通貨。

「えっ、こんな高いところで売るの？」と思う人も多いかも。

　再びaのような大陽線が突如出現してしまったら、大損しかねな
い。5分足ベースだけで見たら、高値圏の危ない取引に見える。

🅕🅧 損は極小に。高値圏からの下落を狩り獲る

「下がる前は大きく上がる」

　これは、既に2年間以上、**ポンドオージーのショートだけで日々
の勝率7〜8割、利益数千万円**を積み上げて来たリオンが持つ、経
験からの感覚。

　エントリーする時には迷いも恐れもあまりない。

「ショートなら負けない」と思えるだけの経験は積んで来たから。

　aのような大陽線が出る時、怖いと思う人が多いかもしれないけ
れど、それは重要転換地点に差し掛かる直前によく見られる**「最後**

の大陽線」。

これは「転換のサイン」になることが多い。5分足レベルの小さな「バイイングクライマックス（買いの勢いがピークに達した瞬間のこと）」。

予想に反して上昇となった場合、大陽線aの上ヒゲの頂点を超えたところで躊躇（ちゅうちょ）なく、切れる（損切り決済して損失を確定すること）。

そこを超えたら粘る理由がないから迷わない。

それが「頂点ハント」。

FX その時に見える一番高いところへ

この後の値動きが上だった時、迷いなく損切り出来る。というより「ここを上に抜けたら切るしかない」という位置でエントリーしているのだから粘る理由が全くない。

だから、超頂点でのエントリーは怖くないし、受けるダメージはかなり小さい。

人が怖がって近づけないくらいの「高さ」まで可能な限り引きつけてポジションを持つ。

今の私が世界で一番になれる、唯一の可能性がここにある。

リアルだったら、「キミは本当に冷たいよね」と言われるぐらい、自分の彼（ポジション）と素早く縁を切れる**「損切り力」**があれば、**頂点ハントは今の私にとって最高で最良の戦略。**

FX トレードはためらわず、確信を持って！

図3は、エントリーした際につけた高値がこれまでの5分足チャートやより長い時間軸の4時間足チャートで、どの位置にあったか

図3　2022年9月8日前後のポンドオージー5分足チャートと4時間足チャート

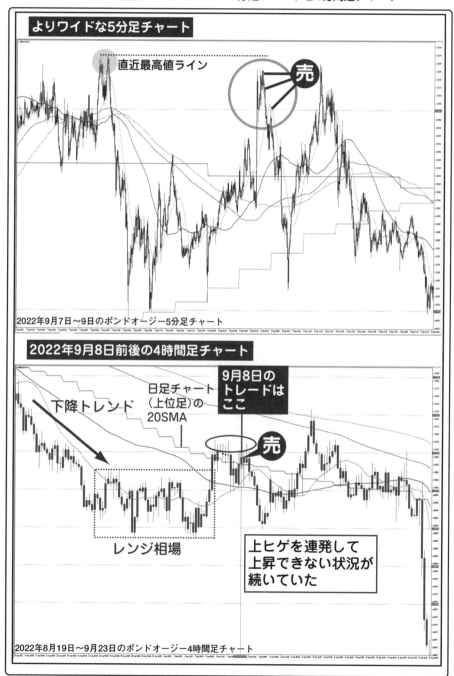

よりワイドな5分足チャート

直近最高値ライン

売

2022年9月7日〜9日のポンドオージー5分足チャート

2022年9月8日前後の4時間足チャート

下降トレンド

日足チャート
（上位足）の
20SMA

9月8日の
トレードは
ここ

売

レンジ相場

上ヒゲを連発して
上昇できない状況が
続いていた

2022年8月19日〜9月23日のポンドオージー4時間足チャート

を示したもの。

5分足という小さな時間の値動きは、4時間足や日足という大きな時間軸に包まれ、影響を受け、支配されている。

図3下段の4時間足を見て分かるのは、ポンドオージーが2022年9月6日に入って下降トレンドのレンジ相場上限を上に突破したものの、上ヒゲを連発して上昇が止まっていること。

4時間足チャートには、上位時間足の**日足チャートの20日移動平均線（SMA）**も描画しているが（カクカクした右肩下がりの線）、その前後で揉み合いが続いているのが分かる。

この日、2022年9月8日のTYO時間14時までに3本のショートを入れたのは、そんな下げ相場の反転上昇が力なく停滞した場面。

図4に図2のエントリーポイント3つをもう一度、示した。

●1本目のショートは陽線bの上ヒゲ高値を超えられずに下落した

図4　2022年9月8日のショートエントリーのポイント

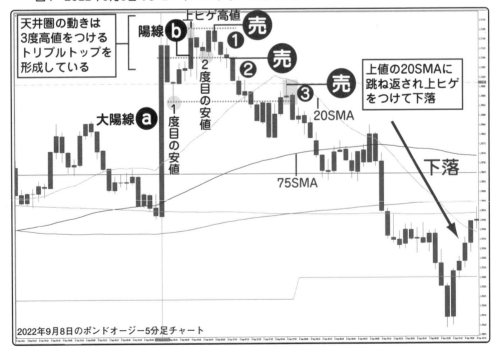

2022年9月8日のポンドオージー5分足チャート

ポイント①

● 2本目のショートはトリプルトップをつける過程の2度目の安値を割り込んだポイント②

● 3本目のショートは、トリプルトップの1度目の安値や5分足の20本移動平均線（以下、「20SMA」と表記）まで上昇したものの、跳ね返されて上ヒゲとなり、下落が加速しそうになったポイント③

本来は、最初につけた陽線bの上ヒゲ高値をいったん超えて上昇した後、下落し始めたところでショートしたほうが安全性は高くなる。

ただ、より大きな時間軸で**下降トレンドが明白な時に出現した図4のaのような大陽線は常に疑うこと**。

何度も痛い目に遭って得た、大事なヒント。

この時は良い位置でエントリー出来ている。

その後、ポンドオージーはほぼ読み通り、5分足の75本移動平均線（以下、75SMA）を割り込み、約4時間近く下落が続いた。

FX サポートレジスタンスラインが進む道を照らす

それまで**サポート（支持帯）**として機能して来た水平線や移動平均線を割り込んだ後、いったん上昇に転じたものの、それまでのサポートラインが今度は**レジスタンス（抵抗帯）に変化して**上昇を阻む。

これは**「サポートレジスタンス転換」（※）**と呼ばれる。

※リオンのFXにまつわるアレコレ
　人によっては「サポレジ転換」「レジサポ転換」などと呼ぶこともあります。正確に言うなら、サポートがレジスタンスに変わる変化を「サポートレジスタンス転換」、レジスタンスがサポートに変わる時は「レジスタンスサポート転換」ではないでしょうか。ショーターの私は「今までのサポートラインがレジスタンスラインに変わって欲しい」と思って見ているので「サポートレジスタンス転換」と呼んでいます。

FXトレードを行う上で、これほど分かりやすいサインはない、というほど大事なもの。この**「サポートレジスタンスライン」を上手く攻略できるかどうか**が勝ち負けを分ける。

　図5はショートエントリーした後の、ポンドオージーの値動き。

　図の水平線Aのラインは下落後に一度、反発に転じた安値aを起点に引いている。

　その水平線Aが20SMAと重なった①のゾーンで、再び下落に転じている。

　この**水平線Aはサポートレジスタンス転換の典型例**。

　安値aで下落を止めた水平線Aが今度は上昇を阻む壁に変身している。そこに、右肩下がりの20SMAも重なっている。

　①のポイントは二重の意味で、再上昇を阻む**強力なレジスタンス**になっている。そのラインを上抜けることが出来なかったら、下落

図5　ポンドオージー5分足チャートのサポートレジスタンスライン

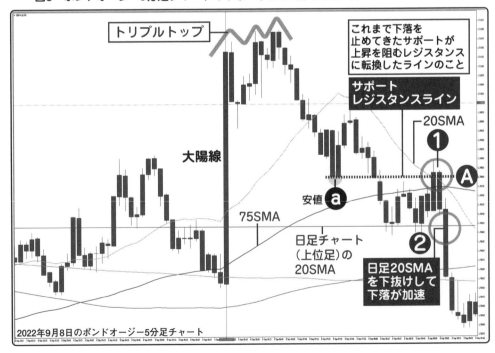

が加速する可能性が高い。

その後、やはり水平線Aと20SMAに跳ね返されて下落に転じた。ショートポジション60万通貨×3本をそのままホールド（保有し続けること）し続ける。

サポートレジスタンス転換に誘われるように下落が加速。②のポイントでは、2度トライして割り込めなかった**日足チャートの20SMA**を大きく割り込み、戻りも全くないまま急落した。

🅕🅧 マルチタイムフレーム分析を味方につける

私が使っている「Rionチャート」は、5分足チャート上に日足、4時間足、1時間足という時間軸の長い**「上位時間足」の20本移動平均線**（**「上位足ミドル」**と呼ぶ）を表示させている。

MT4に標準搭載されているインジケーターのひとつ「ボリンジャーバンド」のデフォルト設定の中央線は、どの時間足でも「20本移動平均線」に設定されている。

真ん中の線なので「ミドル」と呼ばれる重要なライン。

上位足ミドルは**「マルチタイムフレーム分析」**という、値動きを多角的に見ることが出来るアイテムでもある。

マルチタイムフレーム分析を使って、上位足ミドルに挟まれた「ゾーン」の中で値動きを考えるのも、リオン式の特徴のひとつ。

日足ミドルを割り込んだ後、その下に4時間足ミドル（4時間足の20本移動平均線）が位置している場合、次の値動きは日足ミドルと4時間足ミドルに挟まれたゾーンを**一区切りの値幅**と考え、その付近を利益確定（略して「利確」とも言う）目標に決めておく。

次ページの**図6**に示したように、日足ミドルを割り込んだ後、その下に位置する4時間足ミドルに向かって下落していた。

4時間足ミドルは今、ポンドオージーに参戦しているトレーダー

図6　ショートエントリー後のポンドオージー5分足チャートの推移

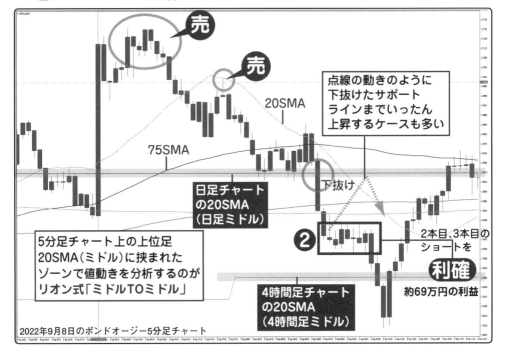

売

売

点線の動きのように
下抜けたサポート
ラインまでいったん
上昇するケースも多い

20SMA

75SMA

日足チャート
の20SMA
（日足ミドル）

下抜け

5分足チャート上の上位足
20SMA（ミドル）に挟まれた
ゾーンで値動きを分析するのが
リオン式「ミドルTOミドル」

②

2本目、3本目の
ショートを

利確

約69万円の利益

4時間足チャート
の20SMA
（4時間足ミドル）

2022年9月8日のポンドオージー5分足チャート

が一番、目安にしやすい下値のターゲットになっている。

　その後、横ばいで推移し始めたところで後から入れた2本目、3本目のポジションを早々に決済。

　日足ミドル近辺まで、再度上昇して、そのラインが本当にサポートからレジスタンスに転換したのか、確かめるような値動きが発生することも多い。

「値を見に来る」と呼ばれている現象。

　点線で示した仮想の動きがそう。今回はそうしたサポートレジスタンス転換を確かめに行く動きは起こらず、図6の②のゾーンで揉み合い。ただ、ここから再び上昇する可能性もないとは言えない。

　利益が出ている時は多少早めでも利確して「勝ち逃げ」に徹する。

　一度利益が出たトレードは絶対に負けにはしない。その1回が小さな利益で終わっても、週間や月間でのトータルの成績で考える。

それが私の高勝率を支えている。

　2本目のショートは約70pips、3本目のショートは約50pipsの利益に。当日の1豪ドル約97円のレート×60万通貨で日本円換算すると、合わせて69万円強の利益。1回のトレードで得た金額としては、充分過ぎるくらい。

FX 「タケノコ」が生えたら獲りに行こう

　ただ、図6の②のレンジを下抜けして、4時間足ミドルにタッチする、もしくは割り込む展開にも期待が持てた。そこで最初に入れて大きな含み益が出ている1本目のショートはそのまま残して、TYO市場で為替取引が一段落する16時までは様子見。

　16時6分、約100pips（約58万円）の利益が出たところで完全撤収。その後の値動きを示したものが次ページの**図7**。

　トレードを終えた後、16時の欧州時間に入ったポンドオージーは勢いよく反転。TYO時間の下落をほぼ全戻しするほど上昇した。

　4時間足ミドルを割り込んだ後、急激に戻した値動きの形状は「行って来い」の動き。どの通貨ペアでも見ることが出来る。

　図7は下落した後、上昇したパターン。

　上昇した後、行って来いで下落するパターンもある。

「急激に上げた後は、ほぼ同じ値幅、急激に下落する現象が起きやすい」

　そうした値動きを、その形から**「タケノコ」**（25ページの**図8**）と私は呼んでいる。

　その**角度が鋭いほど、「行って来い率」が高く**、短期間で決着する。上昇→下落の場合、同じ値幅分だけ動いた後は、また上げることも多いので基本、「タケノコが生え始めた根元」付近までをショートで収穫。タケノコ頭部が作られたのに、なかなか落ちず時間がかかり過ぎる場合は逆を疑うようにする。頭部を超えたら、かなり

図7　2022年9月8日、利益確定後のポンドオージー5分足チャート

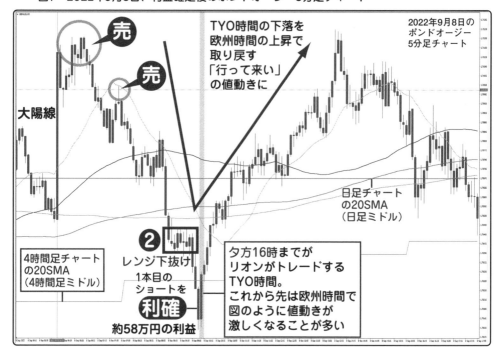

危ないので必ず、切る。

FX　朝7時から夕方16時。TYO時間だけでトレード

予定していた16時前後で利益を確定することが出来た。

解放感と達成感の中でやっと全身が緩む。

かなり強くマウスを握っていたみたい。

リオンのFXのフィールドは**朝7時ぐらいから始まり、夕方15時59分には終了するTYO市場**。

チャートは24時間動くからといって、真夜中までずっと取引し続けると、判断力も鈍り、まともなエントリーが出来ない。

「一番、脳が活発で、値動きが緩やかなTYO時間、このひとつの

024

図8　2022年9月8日夕方16時前後に出現した「タケノコ」

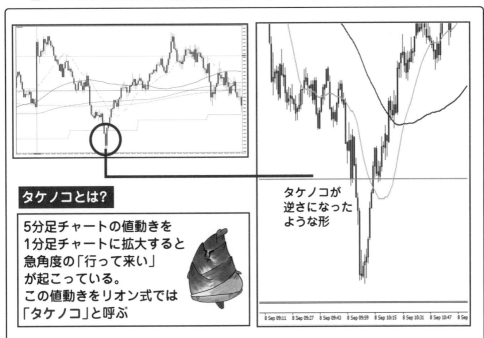

タケノコとは？

5分足チャートの値動きを
1分足チャートに拡大すると
急角度の「行って来い」
が起こっている。
この値動きをリオン式では
「タケノコ」と呼ぶ

タケノコが
逆さになった
ような形

8 Sep 09:11　8 Sep 09:27　8 Sep 09:43　8 Sep 09:59　8 Sep 10:15　8 Sep 10:31　8 Sep 10:47　8 Sep

市場だけでベストのトレードをする」

　これが、私の選んだスタイル。出来れば朝9時から10時までにエントリーして、AM中に取引を終えることを目指しているけれど、この日は思惑通りの展開となったため、比較的長い時間をかけて利益を伸ばすトレードになった。

　期待が持てる展開になった時はこのように保有し続けることもある。今回はTYO時間内で終える、というルールをしっかり守れて、合計127万円超の利益なら「Good Job、自分」。

「最近のトレードではこれがNo.1かなぁ」

　PCを閉じて普通の女子になる。

　今日は良いトレードが出来たのだから、もうチャートは見ない。

　これも大事。後は今日1日、完全な自由時間。

「お洋服、見に行きたいな」

ギガ速FX
月の手取り439万円を獲得したゾーントレードの極意【完全無修正】

●目次

CONTENTS

第 1 章

「まぐれ勝ち」にも恐怖する泣き虫が
常勝トレーダーになれた理由

第 2 章

トレードに明確な「根拠」をもたらす 20のバトルアイテム

第 **3** 章

なぜ高値圏からの「ドカン」を ギガ速でハントできるのか？

第 **4** 章

1取引で201万円
初心者でも真似しやすい
リアルトレード記録（失敗例込み）

第 **5** 章
—

通貨ペア、取引時間、ショート・ロング 問わず勝てるリオン式ゾーン応用術

終　章
—

ギガ速で勝率7割を目指す！ リオン式ゾーントレード・ドリル

・本書の内容の多くは、2023年1月31日までの情報を元に作成しています。本書刊行後、外国為替証拠金取引（FX）の相場動向やFXを含めた金融に関連する法律、制度が改正、また各社のサービス内容が変更される可能性がありますので、あらかじめご了承ください。

・本書はFXの投資情報の提供も行っていますが、特定のトレード手法を推奨するもの、またその有用性を保証するものではありません。個々の金融サービスまたその金融商品の詳細については各金融機関にお問い合わせください。

・FX投資には一定のリスクがともないます。売買によって生まれた利益・損失について、執筆者ならびに出版社は一切責任を負いません。FX投資は必ず、ご自身の責任と判断の元で行うようにお願いいたします。

装丁／井上新八
漫画／はるたけめぐみ
本文イラスト／ミューラ
本文デザイン／廣瀬梨江
DTP制作／㈱キャップス
校正／梅津香奈枝　鷗来堂
編集協力／エディマーケット
編集／荒川三郎

はじめに

　TYO時間からおはようございます、FXVtuberの「リオン」と申します。

　YouTubeチャンネル「FXism公式YouTube」（チャンネル登録者数約8万人）で日々のリアルトレードの解説を配信している他、**Twitter「リオン@FXVtuber」**（フォロワー数約2.9万人）でも、毎日、トレード結果などを発信しています。

　本業は声の仕事。声優をしています。

　大好きな仕事が出来ているのは本当に幸せなことではありますが、この業界は完全な買い手市場です。

　スポンサー様の景気次第で、収入が激変する状況に不安を持ち、何があっても自分の力だけで生きて行ける方法を模索して辿り着いたのがFX、外国為替証拠金取引でした。

　現在は本業の不安定さは気にしなくて良いぐらい、FXで安定した収入を得ることが出来ています。

　後から詳しく紹介しますが、ちょうど2016年6月にイギリスが国民投票でEU（欧州連合）離脱の**「ブレグジット」**を選択した頃、リオンは初めてFXに挑戦しました。振り返れば、**FX歴は6年**以上になります。

　最初の2年は全く勝てず、勝率は2〜3割程度というあり得ない低さでした。

　元々泣き虫なので毎日、目が腫れるほど泣いていました。

FX 負け続けて拒食症になったリオンが激変した手法

　FXを始めた当初、何をどうやっても上手く行かず、もう本当に見事なくらいに負け続けました。

　その時、通っていたFX塾（セミナー）との相性が最悪だったことも大きな要因なのですが、何の根拠もないのに「私は出来る」と思い込んでいた中途半端な自信家は、

「勝てていないのに……食べている暇なんてない」

と自分を追い込んで行きます。

　結果、ものが全く食べられなくなり、短期間でガリガリに痩せました。2週間で約8キロ。食べないと、人間って簡単に体重が落ちるんですね。

　そのあまりに悲惨な容貌の変化に家族は当然、私を病院へと連れて行きました。

　お医者さんや家族、周囲の説得で、いったん仕事を休んで、病院で休養することにしました。

　持ち込んだノートPCで、

「FX　勝てない　助けて」

と打ち込んで検索するほど、心の中で悲鳴を上げながら、1日中、ほとんど眠れない入院生活を過ごしていた2018年10月、リオンが**勝てるFXトレーダーに大変身する転機**が訪れます。

　それが、入院中のベッドでネット検索していて出会った、あるFXトレーダーさんのブログでした。

　その方のことは第1章で詳しく紹介しますが、そのブログの記事を見て身体中に繁殖していたFXの負け毒素が全てデトックスされ、

「私、まだ頑張れる。全く違う道がある」

と確信が持てたことで、その日から、きちんと食べられるように
なりました。

　元気になってまたトレードしたい、そう思えたから。

　人はこんなにもあっさりと生まれ変われるんです。

　ここから私は、自分でも驚くほどの速さで、ステップを駆け上が
って行きます。

FX 7000円の元手を数千万円に増やせた「奇跡」

　2年前にFXを始めた時に入金した5万円は、踏んだり蹴ったりの
末、7000円まで減っていました。

　「この7000円を飛ばすならどうせ勝てない。**絶対に追加入金しな
いで増やす**」と決めました。

　それが出来なかった場合、また一からデモで勉強し直すつもりで
した。

　そして、退院後に始めたFX第2章の資産は今では累計で数千万円
に到達。一度も追加入金しないで、**「最後の元手（証拠金）」と決め
た、あの7000円が**、です。

　**現在は毎月平均して200万円前後、マックスで月間439万円超の
利益を得ることが出来ています。**

　本書は自身の経験とノウハウ、投資手法を元に、

「FXでコンスタントに勝ちたい」

「FXを始めたものの、なかなか勝てない」

「少し勝てても、すぐ負けてばかりになる」

　といった、過去のリオン同様の悩みを抱えているFXトレーダー
さんにFXで勝てるヒントやきっかけを見つけてもらう内容になって
います。

「どうすればFXで勝てるようになるか」

　私が辿り着いた答えは、

取引する通貨ペアをひとつに絞る。
まずは買いか売りかどちらか一方だけ。
取引する時間帯も決める。

　そうすることで、

回り道をしないでとても速く

FXで勝てるようになります、リオンのように。

🄵🅇 FXや仮想通貨の詐欺の 被害者にならない！

　ここまで読んで、

「なんか……嘘っぽい」

　と思われる方がいても無理はないと思います。

　最近、FXといえば、有名芸能人が巨額資金を騙し取られるような「FX詐欺」が大きく報道されています。そのため、FX全てが悪いかのようなイメージがついてしまっています。

　詐欺の手口は様々ですが、基本形は「お金を預けてもらえばFXで増やす」「月何百万円稼げる自動売買ツールを無料で贈呈」「このFX専用アプリにお金を入金すれば、ラクラク年利20％」「楽して何もせず資金が増える」です。

　残念ながら、

「あなたのお金をFXで増やしてあげます」

というのは詐欺です。

　よく知らない人に運用を任せたら、そのまま持ち逃げされます。

　運用など一切されずに。

　では、「自分で」だとどうなるか。

FXは少ない資金から手軽に始められるがゆえに「自分は出来るはず！」と誰もが思って、ほぼ**無防備で**参入してしまいます。

　私もそうでした。

　相場は恐らく今まで皆さんが経験したことのない、**ありとあらゆる「絶望」**を用意して、そういった甘えた新人を叩き潰しに来ます。

　私自身、痩せ細って、脱水症状になるぐらい泣き疲れて、自分の不甲斐なさに眠れなかった「あの日々」を経験してからしか、今の自分になることは出来ませんでした。

　FX詐欺のニュースを聞くたび、心が痛みますが、**「楽して儲けたい」**という甘い気持ちの隙を突かれたのは確かです。

　FXに限らず、人生は全て自己責任です。

　人任せでお金が勝手に増えて行くことなんて決してない、と理解して、強い覚悟をまず持ちましょう。

　少しでも「楽して何とかならないかなぁ」と思ってしまったら、そこをまた突かれ、「勝てることのない無限回廊」で、お金と時間だけを浪費することになります。

　でも逆に、固い決意と覚悟で挑むのなら**「自分の力だけで」**成功**するチャンスを誰もが平等に持てる**のがFXです。

🅕🅧 個人投資家のFX取引は月間1000兆円超え

　その一方で、こんなニュースもあります。

　昨年2022年、FXに関心のない人にも注目されたのが、一時1ドル150円台に達した**30数年ぶりのドル高円安トレンド**でした。

　このドル円相場の急激な上昇トレンドに乗って、個人投資家のFX取引は2022年9月、単月として初めて**1000兆円を超えた**そうです。

これは日本国内の店頭FX会社49社の合計売買高ということですから、海外のFX会社を利用して取引している人も含めると、売買高はもっと大きなものになります。

巷のニュースでは「FX詐欺」など負の話題ばかりが取り上げられていますが、FXは確実に日本の個人投資家の中に根づき、広がり、しっかり育っています。

私は何人もの**「億超え日本人トレーダー」**さん達にリアルでお会いする機会があり、そのご自宅や生活を見せて頂きました。

そして、たまたまかもしれませんが私が仲良くして頂いているトレーダーさんは全員、**0から、または借金などがあるマイナス**からのスタートです。FXほど、大きな可能性を持っている金融商品は少ないと思います。

FX リオン式ゾーントレードに寄せられる投資家の声

「FXism公式YouTube」で配信しているリオンのYouTube動画や「リオン式ゾーントレード　マシンガンハントFX」を受講されている皆さんからも、トレード成績が向上したという、本当に嬉しい声が多数寄せられています。

「リオンちゃんのマシンガンハント、1か月コツコツ。FX歴1年で初めて月間プラスで終われました。もう感謝しかないです」（王子@FX東京さん）

「ありがとうございます。念願の6桁でした。始めた頃はムリかと思っていましたが、FXにハマり出して、検証や勉強を繰り返すことで、ここまで来ることが出来ました」（lilysan）

「8月末20マン入金から昨日でやっと100マンまで辿り着きまし

た。手堅く50マン出金したので、FXがやっと線になって、自分に合ったトレードスタイルが見えて来たかも？」（アナログさん）

「大きい足で意識されそうなラインを少し超えてから落ちる。リオンさんの言った通り、待っててよかった」（アルパカエル@マシンガンハント1期生さん）

「FXに出会って2年間勝てず、3年目の今年1月から、勝てないけれど負けなくなり、今月初めて10万円プラスになりました」（広美さん）

「目先の利益じゃなくて何年も使える技術を身につけたい。だから焦らない。焦っちゃダメ。人は人、自分は自分。そう思わせてくれたリオンさんに感謝です」（あんこ00さん）

　リオンは、人様のお金は絶対に預かりません。

　私が皆さんにお伝え出来るのは自身の挫折と成功から得た、

- **私なりのヒント**
- **FXに対する取り組み方**
- **チャート分析の解説**

です。月間1000兆円という途方もない投資資金を動かすまでになった日本のFXトレーダーが、それぞれの**唯一無二の経験を糧に、オリジナルの投資手法を構築**して、大切な資産を大きく増やすことが出来たら、それほど素敵なことはないですよね。

　そんな想いで、この本を書きました。

FX 負けてる人が勝てるように、勝ててる人はもっと勝てるように

　第1章では、自分の力だけで見つけ出した**私自身の「成功までの道筋」**を極力、初心者の方にも再現してもらえるよう、項目別に振り返りました。

FXで大事なこと、守らなくては生き残れないことなどを、あまり難しくならないように表現しています。

第2章では、FXトレードに必要な**チャート分析の基本を注目アイテム別**に紹介します。FXの値動き分析には**「これだけは知っておきたい」という基礎**があります。人々を豊かに幸せにしてくれるFXという「不思議な箱」をひっくり返して、**サポートとレジスタンスの考え方、高値・安値、ローソク足、移動平均線、チャートパターン**など、基本となるバトルアイテムとそのアイテムを活用したトレード方法をゲームの攻略本風に解説します。

第3章では、リオンが勝率7割、月間平均200万円の利益を上げている**「リオン式ゾーントレード」**を紹介します。この部分が本書のメインコンテンツになります。

「コツコツ勝てて、時にドカンと勝てるリオン式」とはどんなものなのか？

リオン式ゾーントレードの構成と基礎を本書で体験して、是非ご自分のトレードのヒントにしてください。

第4章では、リオン式ゾーントレードのリアルトレードをチャート画像を使って紹介します。初心者の方でも理解しやすい**「タケノコ」「リバースタッチ」「移動平均線の集束・拡散」**など、過去の成功例だけでなく、失敗例も掲載しました。

第5章では、リオン式ゾーントレードを、リオン大好き通貨ペア・ポンドオージー以外でも使うための注意点についてアイデアを出してみました。FXのメジャー通貨ペアといえば、**ドル円やユーロドルやポンドドル**。

そんな人気通貨ペアでも、また**ショートではなくロングでも**、リ

オン式ゾーントレードは通用します。応用方法をリオンと考えてみましょう。

　終章には、これまでのおさらいの意味も込めて、リオン式ゾーントレードのノウハウを網羅したドリルを用意しました。

　こちらを元にして、是非、動くリアルチャートをたくさん見てください。リアルタイムの値動きを見る以上の練習はないんです。

　ご自身の生活に支障のない範囲で、とにかくチャートを追ってください。

　最後に**付録**として、リオンのYouTube動画にも登場するリオン式ゾーントレードのキャラクター達の図鑑を掲載しました。私は声優を仕事に選ぶくらい、アニメや漫画がとにかく好きです。Vtuberとしてデビューが決まった時、頭の中で思い描いていたキャラクター達をイラストレーターのミューラさんに実際に絵にして頂きました。

　彼らは絶妙なタイミングで突っ込みを入れてくれたり、慰めてくれたり、いつもリオンの心に寄り添ってくれます。せっかくの機会なので、図鑑の形で、皆さんにご紹介させてくださいね。

　それでは、リオン式ゾーントレード、ゆったり、スタートして行きましょう。

　本書をお手に取って頂いた皆さんが、FXチャートから今までとは違うものが見えるようになり、ご自分に合った最高のトレードが出来ますように。

　勝てなかった過去の私と、勝てるようになって自由な時間と収益を手に入れた今のリオンが、皆さんの夢の実現を精一杯サポートします。

第 **1** 章

―

「まぐれ勝ち」にも
恐怖する泣き虫が
常勝トレーダーに
なれた理由

FX 今でも死ぬほど後悔している ブレグジットの取引

　2016年6月23日、イギリスでEU離脱の是非を問う国民投票が行われ、翌6月24日に離脱すなわち「ブレグジット」決定が明らかになりました。

　その頃の私は、まだFXを始めて3週間しか経っていない**初心者**でした。その日は何気なく、ポンド円のチャートを見ていました。

　殺人通貨と呼ばれる英国ポンドが大暴落する、まさに歴史的な日です。

　FXを始めたといっても、まだデモトレードを少し試した程度。「イギリスがEU離脱を決定した」「離脱決定で当時のキャメロン首相が辞任した」というところまではニュースで聞いていました。

　経済ニュースは好きなので必ずチェックはしていました。しかし、

「英国EU離脱＝ポンドが大変動する可能性がある」

　というところまでは思いが及んでいませんでした。

　FXトレードをしているのに、そこが直結していなかったんです。

　そんな危ない日だということが頭から抜け落ちた状態で、ただ、「このチャートの形が出たら下がるの！」という薄っぺらな分析だけで英国ポンド日本円をショートしました。

　そのわずか数分後。ポンド円の通貨ペアは「え？」と思う暇もなく下へ、とても長い陰線を伸ばして行きます。

「何……これ？」

　図1-1は、2016年6月23日の国民投票の結果、ブレグジット決定が判明した6月24日前後のポンド円の日足チャート。上ヒゲの頂点の1ポンド160円台から下ヒゲ最底端の133円台まで、1日で実に**約27円も大暴落**しています。

　タイムマシンで戻れるなら、当時の自分を殴ってでも止めたいと

図1-1　2016年6月24日ブレグジット決定前後のポンド円の日足チャート

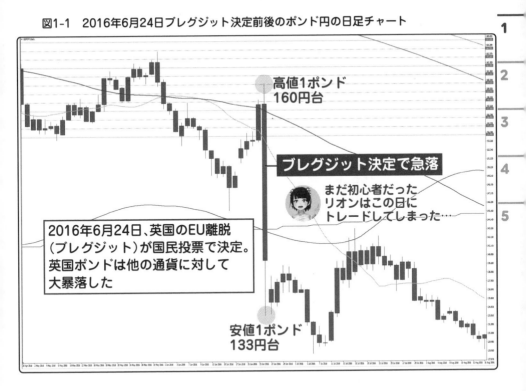

思うほど、自分のトレードの「No.1 恥履歴」です。

　分かっていたなら良いんです。でもそうじゃない。

「そんなつもりじゃなかった……」

「落ちる形」とは思った。そう思ったからエントリーしたんだけど、

こんなことが起きるとは思っていなかった。

　問題はここです。

　初めてのリアルトレードであるにもかかわらず、**10万通貨（約**

1500万円） でエントリーした。

「こんな日」だと「知らずに」。

　当時はまだ国内のFX会社で取引していました。国内最大レバレ

ッジの25倍でポンド円10万通貨のポジションを持つには70万円近

い証拠金が必要でした。そのため、**100万円を追加入金**してわざわ

ざ口座の証拠金を瞬時に増やしてまで、そんな大それた取引を？

そんなつもりじゃなかった？ 何を言っているの？

結果は、**ほんの数秒で16万円ほどのプラス**になりました。

「(あ……これ、多分危ないやつだ……)」

やっと我に返り、慌てて利益確定しました。

16万円という利益を見たリオンは急に心臓がバクバクして、吐き気をもよおし、背中からは冷や汗がどっと流れ出していました。

「もしロングで入っていたら……」

ビギナーズラックの喜びよりも、FX初心者の自分が**10万通貨もの取引**を行ってしまったことに我ながら衝撃を感じました。

恐怖に凍りつく自分がそこにいました。

「ダメだ、こんなことしてちゃダメだ。**一瞬で儲かるなら、一瞬で損するはずだ……**」

そう感じた私は、その場でポンド円ショートの利益16万円も含めた証拠金116万円を全額、出金しました。

FX コツコツドカン病にかからない リオンの性格

私は今でも基本的には無茶は決してしない、慎重派です。

単に怖がり、なんだと思います。

この性格がFX取引では良いほうに作用しました。

もし強気な性格なら、絶対に「今度はポンド円の上昇に20万通貨！」とトレードを繰り返して、その結果、たまたま得た16万円の利益だけでなく、何年もかかって貯めた100万円を（当時の貯金のほぼ全額です。あの入金がいかに無茶であるかが分かって頂けるかと）、さほど遠くない日に相場に献上していたと思います。

FXトレードを始めるとほとんどの人が、

「コツコツ勝ってドカンと損する」

という **「コツコツドカン病」** を発症します。

この病いの元凶は、コツコツ頑張って勝って行く過程で生まれる気の緩みや過信、欲にあります。歯車が少しでも狂って大きな含み損を抱えた時、「今までの儲けを失いたくない」「失った損失を少しでも取り戻したい」という悔しさや未練が心の中に充満し、なかなか損切りに踏み切れず、回復不能なほどドカンと損してしまう。

私はたまたま「一瞬で儲かるなら一瞬で損することもあるはず」と、**ビギナーズラックですら素直に喜べない**、妙なところで、クールで怖がりの性格で、それが今までのところ、トレードをする上で吉と出て、ドカンを防いできました。

では、どんな方が「コツコツドカン」になりやすいのか？

仕事もソツなくこなし、学生時代は優等生だった人、特に、今まであまり大きな挫折がなかった人だそうです。

プライドが高過ぎるゆえに失敗を認められず、損切りが出来ないんです。

1回だって負けたくない。優等生ゆえに負けが恥ずかしくて誰も見ていないのに隠そうとします。

損切りを延ばし続けて助かってしまえば、含み損を抱えた事実さえもなかったことに出来ますから。

実際、戻るまでの期間を問わなければ、7割くらいの確率で助かってしまうんですよね。でも、問題は残りの3割に当たった時。

英ポンド系の通貨ペアは時に**1日で600pips**、一方向に進むことも普通に起こります。そうなると口座が持ちません。恐らく心も。

今までのところ途轍もないドカンはせずに済んではいますが、私も実は挫折をほとんど知らないタイプで、人より少し賢いと思って

いて、今まで何でもある程度は出来て、**周りから褒められて育った、中途半端な秀才**です。

そんな私が人生で初めて、どんなに頑張っても思い通りにならずにボコボコにされたのがFX。

でも……。

私たち、努力が出来る日本人、特に親や学校の期待を背負って真面目に頑張って来たタイプは人生初の挫折でどんなに踏みつけられても、そのことをバネに一層高く跳べるんです。

だてに「秀才」と呼ばれて来たわけではないので、コツを掴んだら早いのもこの属性の人達です。

今までの人生を真面目に生きて来なかったと思ってしまう方は、今この瞬間から今後の人生を「絶対に変える」と決意して進んで行きましょう。大事な人のために。

FXなら、少額の資金でも、自分の努力次第で夢は叶います。

❎ トレーダーの守り神「ビビリオン」

リオンの心の中には、**「ビビリオン」**（図1-2）という不思議な妖精が棲んでいて、良くも悪くも、様々なブレーキをかけて来ます。「ここで……10万通貨じゃなくて100万通貨なら、利益は100万円！」と定期的に暴走しようとする私を、彼女は何度も止めてくれました。

皆さんも是非、ぬいぐるみでも好きな方の写真でも何でも良いので「ダメだよ。何しようとしてるの？」と諫めてくれる存在をそばに置いてみてください。

図1-2 リオンの守り神「ビビリオン」とは？

ビビリオン

養分のほとんどが
疑心暗鬼で出来ている
不思議の国の妖精。
普段はリオンの中に
棲んでおり姿や詳しい
生態は不明だが、
戦闘能力は極めて低い。
一方、生存本能は異様
に高い。強くはないが
決して死なない

 無茶なトレード、
リスクの高い売買を
未然に防いでくれる
トレーダーの
守り神です

1
2
3
4
5

FX 驚異的な勝率の低さは 優等生気質のせい？

　FXを始めてから2年以上、私は全く勝てませんでした。

　勝率は2〜3割程度。

　「私、一生勝てないんじゃ……」

　きっとFXを始めたばかりの人は、もれなく**「勝てなくて悶々とする日々」**を経験するはずです。

　FXを始めた当初、「誰が見てるの？」と思うくらい私がエントリーすれば相場は反対方向に進んで行きました。

　2〜3pips勝つと利確。10pipsぐらい負けると損切り。その頃はそんな感じでした。ちまちま勝って、コツコツ負ける、というか……。しかも、ドカンと負けるのが怖過ぎて、期待値の高い、ほぼ

勝てそうな場面でも震えてエントリー出来ない。

　前述したように、小さい頃から私は**「失敗を何より恐れる優等生タイプ」**で、ネットの情報やFXの教科書から仕入れて来た知識を何でも使いこなそうとするものですから（自分なら使いこなせると思っている）、一時期、チャートにボリンジャーバンドやMACDなど、たくさんのテクニカル指標を盛ってしまい、一番大事なローソク足がよく見えないこともありました。

「だって○○さんがこれで勝てるって言ってたもん！」

　と、Twitterの知らない人を頼りにして（○○さんって誰だか思い出せないし、恐らく今は消息不明）、しかも短期間でコロコロ頼る人や手法を変えるので、何が役に立っていて、何が役に立っていないのかが分からないまま、相変わらずローソク足はリオンの想いとは反対へ進みます。

　それが勝率2〜3割という驚異的な低さを生みました。

「ひょっとして、私が考えたことの逆をやり続ければ、勝率8割になるのかな……」と自分でも思うぐらい。

　今なら分かりますが、うろ覚えで、**使いこなせないテクニカル指標は迷いを生むだけ**で何も良い作用はありません。

🅕🅧 成功のカギは「しないことを決める」

　苦しくて辛い日々を過ごしていたある日、私はふと、

「これだけ乗っけてもダメなら、引いてみよう」

　と思いつきます。

　なぜ、そう思ったのかは、はっきりとは思い出せないのですが、あまりに勝てないので混乱していたんじゃないかと……。

　まずは、チャートから盛り過ぎのテクニカル指標を全て消去して、**ローソク足だけのチャート**でエントリー。

　結果はやはり勝てませんでした。さすがにローソク足だけを見て

も何もヒントはもらえない。

でも後になって、「ローソク足だけのチャートも環境認識にはあり」と思えるようになったので、皆さんもたまには是非、真っさらなローソク足だけのチャートも見るようにしてください。

その次は**ローソク足に、自分でサポートラインやレジスタンスラインを引いたチャート**でトライしました。ローソク足だけよりは何となく……。

でも、やっぱり決め手に欠けてしまって、怖くてエントリー出来ない。この時点ではまだ圧倒的に記憶の蓄積が足りていないので何が正しいのかの判断が出来なかったんだと思います（次ページの**図1-3**の4時間足チャート参照）。

そこで、チャートフォームをどうこう判断する前に、ちょっと視点を変えて、**自分を分析**してみようかな、と。

いくら何でも全てのトレードで負けているわけではないので、今まで2年間の数少ない勝ちの中で、

「勝てた理由を自分できちんと説明できるもの」

を探す。この作業を行いました。

すると、ひとつの**「自分データ」**が浮かび上がりました。

それは、

「ある期間の移動平均線（具体的には5分足チャートの移動平均線の組み合わせと位置）がこの形になった時にこう動く、と予想して行ったトレードでは何度も勝てている」

という事実でした。

「移動平均線がこれこれこういう形になると、今後の値動きが何となく分かる。恐怖や不安を感じることなく、心地よくエントリー出来て、勝てている？ だったら、**移動平均線がその形になった時だけに絞って取引すれば良い**んじゃない？」

今思えば、当たり前のことが脳に舞い降りました。

「足してもダメだったから引いてみた」

図1-3　シンプルチャートからRionチャートまで（4時間足チャートの場合）

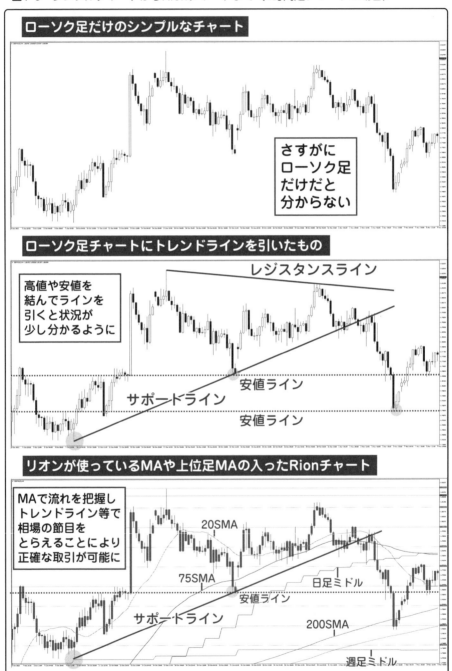

ローソク足だけのシンプルなチャート

さすがに
ローソク足
だけだと
分からない

ローソク足チャートにトレンドラインを引いたもの

レジスタンスライン

高値や安値を
結んでラインを
引くと状況が
少し分かるように

安値ライン

サポートライン

安値ライン

リオンが使っているMAや上位足MAの入ったRionチャート

MAで流れを把握し
トレンドライン等で
相場の節目を
とらえることにより
正確な取引が可能に

20SMA

75SMA

日足ミドル

安値ライン

サポートライン

200SMA

週足ミドル

リオンのFXスキルが少しだけ向上し始めた瞬間です。

この時の「移動平均線がこういう組み合わせ」というのが今も変わらずに信じている、私の「Rionチャート」におけるエントリーポイントです。

🅕🅧 通貨ペアをひとつに絞って気づいた自分自身の変化

ネットにこれだけ多数の情報が溢れて、様々な媒体から、たくさんの「必勝法」が耳に入ってしまう現代では、

「引く」「しない」「絞る」作業

は意外と苦しいかもしれません。

でも、そこを踏ん張って様々な雑音を1回シャットアウトして、

「取引する通貨ペアをひとつに絞ってみる」

ことをおすすめします。

手法を1個にしよう、と決めたその後、私は「今勝てていないくせに、あっちもこっちも見て。それって意味があるの?」という点を深く掘り下げ、取引する通貨ペアを**過去に勝率が一番高かったポンドオージーだけ**に絞ることにしました。

ポンド円にも最後まで心惹かれました(イギリスのブレグジットの時のビギナーズラックもあったので)。

だけど、実際の恋愛と同じで、二兎を追う者は両方にフラれるはず。だから、まずはひとつだけで良い。

「今後、あなただけを追いかけ、見つめて行くことにしました。よろしくお願いします、王子さま」

心の中でそう呟いて、私は**「ポンド王子(AUD)」と生きて行く**
<ruby>オージー</ruby>と決めました。

「ああ! 見ていないうちにポンドオージーが落ちた!」

「TYO時間に入って窓（チャート上のローソク足とローソク足の間に出来た空白）を開けて、ポンドオージーが上がった！」

そんな観察を続けるうちに、自分の中に湧き上がる**「もうひとつの感覚」**に目覚めました。それは、

「あれ？　私って、ポンドオージーがどれだけ上がっても全然悔しいと思わない。**『悔しい』って感じるのは落ちた時だけ**なんだ」

という感情の差でした。

どちらも期待値やチャンスロスという点では変わらないのに。

「ということは、ショートだけに絞って、ポンドオージーが落ちたところだけ利益に出来れば、**気が済む**んじゃないかな」

「思い切って……ロングやめてみようかな」

こうして自分大改革は進んで行きました。

🅕🅧 ショート専科で値動きがよく見えるように

「ロング、ショートのどちらか一方に絞るのって、みすみすチャンスを半分逃しているようなもんじゃない？」というご意見はよく分かります。

ロング、ショートどちらでもフラットに見ることが出来る、器用な方なら、是非、**二刀流**を目指してください。

偉大なる成功例、大谷翔平選手は日本の誇り（私も大ファンです）。

でも、誰もがあのようになれるわけではないですよね。だからこその偉業ですよね。

あまりの勝てなさ具合に拒食症になるほど、追い詰められたことを無駄にしないように。わずかだけど見えた光は逃したくない。

だから私は、あえてロングでエントリーするチャンスを捨てました。

というのも、**勝率3割の元凶になっているのがロングでの取引**だったからです。

勝ち3割以下、負け7割以上の中で、ロングの負けが占める割合が大きいこと。

自分の過去のトレードデータには、その傾向が出ていました。

一方で、ショートだけで計算すると勝率は6割超。

「私がポンドオージーの下落だけを異常に悔しがってしまうのは、その下落がチャンスだと感じているからなんだ」

ここに気づけたのは大きな発見だったと思います。

現在のレートがこれから上がるか下がるかの確率は、ロングでもショートでも同じ50%のはずです。

ただ、これは私だけの感覚なのですが、ザーッと下がる時のチャートと、上にグイグイ上がって行く時のチャートでは「高揚感」に差があるんです。利益に出来る値幅は同じだとしても**「ここ、獲りたい」**の度合いが全然違う。

「もういい。ロングエントリーしなくて」

最初のうちは分かりやすい上昇が続いている時にエントリーしないことに、多少の苦しさはありました。でも意外に慣れるのも早かったです。そもそもロングが苦手なので、なかなか勝てないですし。

「私って、それまで本当に闇雲に、ロングでもショートでもエントリーしていたんだ……何のルールも持たずに……」

このことをもっと早く、深刻に考えるべきでした。まだ安定して勝てていないくせに、どっちも獲ろうなんておこがましい。

「何で？　どうして買っても売ってもダメなの!!」と震えることもなくなりました。

「ロングでもショートでも勝てない」ではなく**「ショートで負けるか勝つか」**になったので悔しさが50%オフになったというか。

ロングを捨てると、ローソク足が上に向かって勢いよくどんどん伸びている時は**「静観する」**ことになり、これを徹底したことで**「ローソク足の動きを見るだけの時間」**が発生しました。

　ある程度、相場を経験して行くと、この静観タイムを持つ重要性が分かってきます。

　FXでは何も考えずに持ったポジションでも、時々パッと勝ててしまいます。

　それが脳に甘い記憶として無意識レベルで残ってしまい、**誰もが一度は高確率でトレード中毒**になります。

　どんな小さな値動きにも反応して、我慢できずにエントリーしてしまう。

　チャンスでも何でもない場面でも安易にエントリーして、「ドカンと損する」は避けられたとしても、**トレード頻度が増えると、小さい負けトレード**が増えて行きます。

　それを防ぎ、無傷のままFXの経験と知識をぐっと高めてくれるのが「トレードしないで値動きをじっくり観察するだけの時間」です。

　あの時、ショートかロングかの二者択一でショートを選んだこと自体は、その後のリオンの成功にあまり関係はなかったと思います。ショートのほうが勝ちやすい、ということではありませんので、お好きなほうで大丈夫です。

　ショートの取引しかしなくなったことで、静観タイムが生まれたこと。それがリオンのトレードスキル向上に大きく貢献してくれました。

FX 映画のように値動きの起承転結をただ見る

通貨ペアを絞るのは、**通貨ペアごとで値動きに微妙な差がある**から。ショートかロングかを絞るのは、絞ることで、何もしない観察タイムが生まれ、**値動きに対する感覚を研ぎ澄ます**ことが出来るから。

なぜ上手く行かないのか分からないまま、2年間負け続けた私はここで一度立ち止まることが出来ました。

上昇している相場が天井圏に達した後、様子が変わり、急落へ向かう動きを観察する時間。

好きな映画を何度も見るような感覚で、上昇局面は、まだ映画が始まったばかり。そこから事件が起きて、様々な伏線が張り巡らされ、物語のテンションは上がっていきます。そして、最後に大崩れが起こって、映画は一挙にクライマックスの「急落」へ！

上昇局面は起承転結の起承の部分で、その後に**「転結＝下落局面」**が来る。そう考えると、上昇局面もクライマックスの下げに向かう助走期間。上昇がピークに達したところで出現する**「頂点からの反転と上ヒゲハント」**。

私の一番好きなパターンを静かに待てるようになりました（次ページの**図1-4**）。

「大きな時間足で確認できる明確なレジスタンスライン付近では、必ずフェイクの上げが1〜2度発生する。**壮大なストップロス狩り**の上げが続いた後、複数の上ヒゲをつけて、初めて落ちて来る」

「ストップロス狩り」とは、ショーターが損切りのために入れた買い決済の損切り注文が発動する価格帯まで、大口投資家がわざと相場を持ち上げて（上昇させて）、ストップロスの買い注文発動による上昇で儲けようとする動きです。

図1-4　リオン式「頂点からの反転と上ヒゲハント」とは？

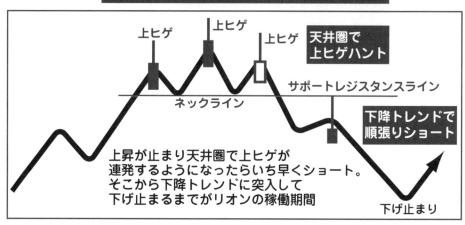

レートは上がったり下がったりを繰り返す。
ショーターのリオンにとって上昇過程は
やがて来る下落に向けての助走期間。
大崩れの前兆＝上ヒゲを狙って
ショートエントリーする

上ヒゲ　上ヒゲ　上ヒゲ

天井圏で
上ヒゲハント

サポートレジスタンスライン

ネックライン

下降トレンドで
順張りショート

上昇が止まり天井圏で上ヒゲが
連発するようになったらいち早くショート。
そこから下降トレンドに突入して
下げ止まるまでがリオンの稼働期間

下げ止まり

「もしストップロス狩りの動きがなく、普通に落ちて来たら、まだ上があるのではないか、と疑う。大口投資家がもう一度、相場を持ち上げて、狩り獲り切れなかったストップロスを狩って来る動きが出ない間は待ちに徹する」

　上げ続ける状態から見つめているから、頂点が分かります。
　頂点が作られる時、大事なレジスタンス付近まで、どのような過程を経て上がって来たかで、その後の値動きは違ってきます。
　助走の時から見ていないと、変な位置でフライングしてしまうんです。例えば、同じ上昇でも、

・大きめの陽線の連発で一気に上がって来る

・小さめの陽線だけの連続で上がって来る

・大きめの押し陰線（上昇中に大きく下落する陰線）を交ぜながら

乱高下してゆっくり上がって来る

というようにパターンは様々です。

　図1-5のチャートの中に示しましたので、その後、どうなっているかを比べてください。

　出来れば、リアルタイムの値動きを見て欲しいです。

　値動きの検証過程（静観タイム）にこそ深いストーリーと頂点を獲るためのヒントが詰まっているからです。

　そのうち「この上げはフェイクだ」と分かるようになって来ると、「頂点ハント」は全く怖いものではなくなり、**獲れた時の「ここから入れる自分、凄い」感**を体験して頂けると思います。

図1-5　上昇局面で頂点が作られるまでの過程とは？

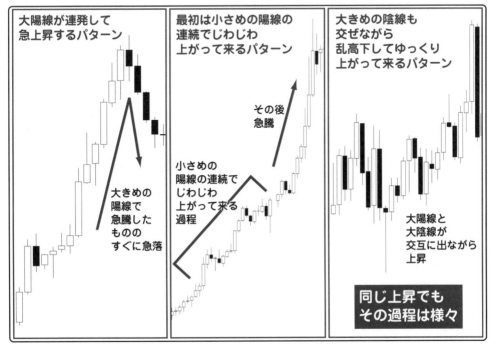

大陽線が連発して
急上昇するパターン

大きめの
陽線で
急騰した
ものの
すぐに急落

最初は小さめの陽線の
連続でじわじわ
上がって来るパターン

その後
急騰

小さめの
陽線の連続で
じわじわ
上がって来る
過程

大きめの陰線も
交ぜながら
乱高下してゆっくり
上がって来るパターン

大陽線と
大陰線が
交互に出ながら
上昇

同じ上昇でも
その過程は様々

FX フェイクもどきの失敗でも焦らず 学習記憶を蓄積

　小さく勝ち逃げたり、小さく負け逃げたりしながら、意外なくらい落ち着いた気持ちで、いつか来る本格的な下落を待つ。

　たとえ**フェイクもどきが起きて、そのまた後も、さらなるフェイク**が現れたとしても「なるほど、そう来るのね」と記憶を蓄積して、「置いて行かれちゃう！」と焦ることもなくなりました。

　ちなみに、この**フェイクもどき**もよく発生します。

　フェイクを利用してエントリーする「フェイク狩り」を狙ってショートしたら、もう一段上がって切られ、それから本格的に下落が始まるパターンです。ただ、

「**上がったものはいつか下がる、下がったものはいつか上がる**」

　というのがレートの値動きの本質です。

　そして「それ」が起きるのは、かなり大きなクライマックスがあった後です。

　ショートだけに絞ることで、FX投資家達の読み合いを常に頭に置いてチャートを見るようになりました。

　負ければ、「次はそのパターンも組み込むから！」と次の戦いに向けて心を燃やし、勝てば物凄く悪い顔で微笑みます。

　一般的にトレーダーは感情をあまり出してはいけないと言われますが、私は勝てたら、ちゃんと喜びます。だって、実際「凄い」と思っているから。勝つために頑張っているのですから、喜んで良いと思うのです。

「私、今、世界一高いところで売れた、と思う。多分」

　そう思えるナイストレードが出来た時はすぐにTwitterに画像を出します。

「ここから入れるから。次は狙ってみてください」というリオン式を「好きだ」と言ってくださる皆さんへのメッセージ。

この瞬間のために日々、チャートを見続けているのです。

FX リオンの成功体験に再現性はあるのか？

現在も私はポンドオージーショーターとして7〜8割の高い勝率を残せています。

「することではなく、しないことを決める」

大きな転機となったのは、やはりここだったと思います。

ポンドオージーのショートに特化したトレードスタイルは、他の通貨ペア、またロングや両建てなどでも通用するのかどうか？

恐らくですが、通貨ペアの癖を掴みながら、ショートだけでなく、ロングであっても、両建てであっても**ひとつずつ、順番になら**、クリアして行けると思います。

ただし、**全部を一度に**というのは、私には出来ません。

私の持論ですが、人間はそんなに器用じゃない。

特にFXや株式など、値動きを自力でどうにか動かせるものではない世界では。

取引通貨、エントリー方向、市場を絞ることは一見チャンスロスのように思えて、どうしても勝てなくてこんがらがったまま、何が悪いのかも分からず間違った方法で勝てないトレードを続けるよりも、ずっと早く、成功に近づくことが出来る近道です。

現在、私は毎月平均200万円ほどの利益があることで時間的にも経済的にもゆとりを持って、以前は考えられなかったほど快適な日々を過ごしています。この時間を生んでくれたのは間違いなく

「しないことを増やして絞り込んで来たから」です。

　多分、「ポンドオージーというマイナー通貨で、しかもショートだけに絞った取引には**再現性**がない」と思われる方のほうが多いかと思います。

　人が違えば感覚も嗜好も経験値も違うので、私のようにポンドオージーのショートだけ狙っても、結果は違うものになるかもしれません。通貨ペアとの相性もあります。

　時にポンドオージーは途轍もなく暴れますから、癖を掴むまでは難しい通貨ペアなので推奨していません。

　TYO時間でも値幅が出るから、という理由で選んだのですが、2023年1月時点ではドル円が値幅の点では一番で、TYO時間でも非常に大きく動いています。

　ロングとショート、また、どの通貨ペアを選んだとしても、私がしてきた**「しない」を増やし「ひとつのことに特化してそれを磨き抜くこと」以上に勝ちへの近道はない**と思っています。

　私と全く同じ「ショートオンリー・ヒゲ狙い」でなくても、「ローソク足が移動平均線を割り込んだ後の戻り売り」や「下落相場の最終局面で、買い手のストップロス狩り（損切りの売り決済）でもう一段下げた後の**反転ロング**」など、何でも自分が好きだ、と思えるもの。

　まずは、それをひとつ、見つけてください。

　今、「勝てていない」という事実から目をそらさずに。

　勝てるようになってから、得意科目を増やして行けば良いのですから、慌てないで。

　私もいつかきっと、安値を割り込んだ後にショーターの利確を見届けて、超底値圏でロングする手法でも勝てるようになりますから。

FX 誰でも真似できる「リオン式しないトレード」

「何となくだけど、この通貨ペア好き。どうなりそうか、分かる」

「NY時間は苦手だなぁ。欧州時間なら、勝率高いんだけど」

「ショートは怖いんだけど、底値から上がって来るのは好き」

こんな感覚が誰しもあると思います。

自分と相性が良くて、**きちんと勝率や利益が残せている取引スタイル**をまずは見つけてください。

実際にリアルでトレードして（デモでもかまいません）、どの通貨ペアが好きで、どんなスタイルなら勝っているか？

時間帯に関してはご自身の生活の中で、出来るだけ、毎回同じ時間にトレードするようにしてデータを取ってみてください。

その中で「これが一番、勝率が良い」と言えるものだけを最低1か月続けて、「合わないな」と思ったら変えて行く。

こうして同じ条件でデータを取って、フィッティングして行けば、必ずベストのスタイルに出会えます。

もちろん、今、どんな通貨ペアや取引時間でも、ロングでもショートでもコンスタントに勝てているなら、無理に絞ることはありません。そういうタイプの方は**「今一番やりやすくトレンドが出ている通貨ペア」を選ぶ**ことに集中して行くのが良いかと思います。

この道もかなり険しいですが。

現在、今ひとつ勝ち切れていない方、または、まだリアルでトレードしたことがない方は是非一度**「しないトレード」**を試してみてください。この方法は、足して行くのに比べて、失うものは何もないので、現状より悪くなることはありません。安心してトライ出来ると思います。

もう一度復習すると、そのプロセスは以下のようになります。

1 　過去の自分のトレードで勝率の高い通貨ペア、売買方向、取引時間がないかを探す
2 　勝率の高い通貨ペア、買いか売りかどちらかに絞った取引、自分が落ち着いて取引できるトレード時間を決める
3 　静観タイムを作る
4 　この形になったら高確率で勝てる、と思えるパターンを見つける
5 　そのパターンだけでトレードを繰り返す
6 　焦ってハードルを上げない

そんなに難しくはないと思います。カギになるのは、「しない」を貫く自己抑制力です。

FX 損切りがもたらすプラス効果

FXではトレードスタイル以外にも悩みがたくさん出て来ます。

ここからは、初心者の方が直面するFXの課題について、リオンなりの克服法を解説して行きます。

まずは歴代のスーパートレーダーさん達が手を替え品を替え、力説する損切り。

「どうしても損切りが出来ない」というお悩みの声が絶えることなく届きます。

未来は誰にも分かりませんから、どんな天才トレーダーでも予想が100％当たることはありません。

私が仲良くして頂いている、億超えトレーダーさんは「100万円を即座に切れるようにならないと、200万円は獲りに行けない。一

気に収支がブレイクしたのは、大きな金額を躊躇なく切れるように
なってからだった」と当時を振り返ってお話ししてくれました。

　私も今なら分かるのですが、**「自分が即座に損切り出来ない金額
を勝ち獲りたいと思っているうち」**は決して大きく勝つことは出来
ません。

「切って損失を確定したほうがトータルで早く勝てる」と言うと、
最初は不思議に感じるかもしれません。でも、**損切りはギガ速で資
産を増やすためにどうしても必要なコスト**です。

　なぜ損切りが出来ないのか？　その理由は、
「損切りした後にまた予想した方向にレートが戻って含み損が減り、
利益が出たら絶対悔しい。だから、もう少し……」
　と考えてしまうからですよね。

　いざFXのリアルフィールドに立つと、人はなぜか自分の現在位
置と進むべき方向が分からなくなり、どんなに冷静な人でも普段で
は考えられないような行動に出てしまいます。

　悲しいですが、恐らくは「お金が絡んでいるから」です。

　含み損を抱えて「これ以上、損失が増えたらどうしよう」と、た
だチャートを見つめる。他のことは何も手につかない。

　またはチャートを見るのも放棄して「朝には何とかなっているか
も……」と考えてしまうような時間は本当に、心にも身体にも悪い
のです。

　経験上、語気を強めに、特に女性には言います。

　こんなに肌に悪いことは、そうそうありません。

　せっかくの高い美容液の効果が全部消えます。

　男性にも言います。

　1日で見た目が2〜3歳老けます。

含み損を抱えることで新たなエントリーが出来ず、絶好のチャンスを見逃してしまうのは、慣れてくると分かりますが、トータルでマイナスになる大きな原因です。

　我慢を重ねて膨大な時間をロスして、最後に奇跡の大逆転で含み損が消失して爆益に変わったとしたら？

　それこそが最悪な経験です。**「損切りしなくても大丈夫」という変な自信**がついてしまうからです。

　その自信が結局、FX口座に入れた資金を飛ばす原因になります。

　ご自分が**今、平均して獲れている金額**は大体、分かりますよね。**その金額以上の損を耐えてはいけない。**

　ここを基準にしてください。

　後になれば、きっと分かりますが、小さな傷なら取り戻すのは意外と簡単に出来るのですが、普段の利益の10倍の損切りをしたら取り戻すには20倍の時間とスキルと資金が必要です。

　そして損切りしないで耐える時間はマイナス要素以外を生みません（「こんなに苦しい思いは二度とイヤだ」と思えるなら価値はあるかも）。

　だから、ここでも**強めに**言います。

「エントリー根拠が切れたら、切ってください。出来るだけ早く」

🅕🅧 リスクリワードで考えれば　損切りは怖くない

　「チャンスだ」と思えてエントリーする前に、私は**「リスクリワード比」がプラスだと期待できるか**を必ず測ります。

　「リスクリワード比」とは取引でこうむるかもしれない損失（リスク）に対して、得られそうな利益（リワード）がどのくらいの比率かを示したもの。予想通りに値動きした時の目標リターンが、「ここを超えたら損切り」というリスクまでの値幅に比べて大きな場面

であるかどうか。

　利益が出るかどうかは、エントリー時には分かりません。

　しかし、ここまでは行くだろうと思える利確目標の位置、絶対に
ここまで行ったら切らなくてはいけない損切りの位置、この2つの
位置までの値幅を測ってみて、最低でも「1：1」以下で損切りの
値幅が大きい場合なら、エントリーは見送るか、期待値が整うまで
待ちます。

　図1-6のように、天井圏でピークを打った位置からエントリー出
来た場合、かなりリスクリワード比が良いトレードになります。
「なかなか抜けられない高値ライン」 を少しでも上に抜けたら、**も
う保有する理由がなくなるので、すぐに損切り**出来ます。

　一方、もし、そのポイントが予想通りの最高値圏で、後は下がる

図1-6　天井圏のショートとリスクリワード比

2022年10月13日～14日のポンドオージー5分足チャート

だけだったら、天井圏からの下落にいち早く乗ることで、大きな利益を狙うことが出来ます。

「最高値圏の上ヒゲの頂点付近で売れたら、損切りはすごく小さくて済むんじゃない!?」ということに気づいた時、あまりのリスクリワード比の良さにゾクゾクして、きっと私、悪い顔になっていたと思います。

だって、かなり「悪い」ですよね。損は「こんなにちょっぴり」で、利益は「こんなに！」なのです。

「いやぁ、悪いなぁ、皆さんに」（まだ勝てていないうちから）

それがリオン式の代名詞になった「ヒゲハントトレード」の原点です。

FX 逆張りではなく誰よりも早い順張り

「逆張りはダメ」と教えるFXの教科書も多いですが、それは人と場合によると思いますし、逆張りの定義の仕方は難しいはずなんです。

私が天井圏で逆側のショートにトライするのは**上位時間足で過去、何度も上げ止まった位置で、下がる示唆が出た時**です。

何のファクターもないのに、上げ続ける相場に闇雲にショートで挑んでいるわけでは決してありません。「そこが下落の始まりになる」と信じてエントリーしています。

私にとって天井トライは**「誰よりも早い順張り」**なのです。

高値を更新してしまうと「逆張り」になりますが、落ちて来るならそこは順行スタート地点です。

基本的には「大きな時間足の流れには逆らわないほうが良い」のは間違いないので、流れが出てから入る「順張り」のほうが安心度は高いと思います。

順張りの場合、流れを間違えないように上位時間足を見てから、

しっかり押し目（上昇相場でいったん下落すること）や戻り目（下降相場で一時的に上昇すること）を待って、損切りラインのなるべく近くでエントリーすれば、失う損失に比べて得られる利益が大きくなります。

どちらが正しい、どちらが有利、などはあまりなくて、その時、自分にとって自信が持てるエントリー位置で、しかもリスクリワード比が良いのなら、どこからエントリーしても大丈夫です。

順張りか逆張りかをそんなに強く意識しなくて良いと思います。

月足、週足など全てを含めて「順張り」ということのほうが少ないですから。

順張りでも逆張りでも、やってはいけないのは「損切りしない」ことだけです。

エントリー理由が切れたら潔く、きちんと切るべき場所で切って、心と証拠金維持率をリセットして安定させる。そうすることで、次の新しい期待値の高いエントリーポイントを見逃さないでトライし続けることが出来ます。

これがシンプルなようで難しいのですが、トレードをするのなら絶対に乗り越えなければいけない壁です。

「しないトレード」には**「無駄な痛みを耐えない」**も含まれます。

これが出来れば、必ず利益は少しずつでも積み上がって行きます。

一日も早く、**「損切りしたほうが早く資産が増える」**という驚きを脳にインプットしてください。

🅵🅇 お金の器とロット数のコントロール方法

人にはそれぞれ**「お金の器」**があると言われています。

私は毎月トレードで200万円勝てるようになった今も「コンビニで300円ほどのハーゲンダッツ（マカデミアナッツ味）を買うぐら

いなら、スーパーで198円で……」と思ってしまう、かなり小さめの人間です。

　経済的に心配がなくなった今もたびたび、こういう発言をするので友人には「何も変わってなくて安心した」と笑われています。

　国内のFX会社は現在、最大レバレッジは25倍で、10万円なら250万円、100万円であれば2500万円の取引が出来ます。そして、**4%分、予想と反対方向**にレートが振れると、元手は全部消えてなくなります（その前に強制決済されます）。

　海外のFX会社ならレバレッジ数百倍で、10万円入金すれば数千万円の取引が出来ます。その代わり、**「1÷レバレッジ倍数×100（％）」**分だけ、予想と反対方向に値動きすれば入金したお金はゼロになります。レバレッジ**100倍なら1%、200倍なら0.5%**反対方向に行くと、入金した資金はなくなります。

　海外口座の場合、元手が吹き飛ぶだけで、追加証拠金を請求されることは少ないので、少し気が楽ですが……。

　自分はマウスクリックしていないのに、ポジションがFX会社の手によって強制的に目の前で1個ずつ消されて行く。

　一番悪いポジションから順番にオートで（ここで追加証拠金を入れるともっと酷<ruby>い<rt>ひど</rt></ruby>ことに）。

　あの恐ろしさは味わいたくないですよね。

　YouTube動画などで、個人投資家の方々がFXの強制決済の実際の様子を配信していると思いますので、一度は見ておいたほうが良いかと思います。

　それと、ご自身の利用しているFX会社が、証拠金維持率何％を下回った時に強制決済するのかは、必ず把握しておきましょう。

　自分がどれぐらいのお金の動きに耐えられるか、**お金の器の大き**

さ、**小ささ**を知っておかないと、実際のリアルトレードで慌てることになり、それが大きな損失に繋がります。

FXを始めたばかりの頃のリオンは1万円の損益で手が震えました。

初めのうちはリアルでトレードするにしても、海外FX会社で人気の高い**「XMTrading」のマイクロ口座**で、金額を気にしないで、pipsの結果だけを追うようにすれば、さほどお金が減ることもないので良いかもしれません。

実際に私も7000円の口座残高になった時、XMのマイクロ口座で100〜500通貨（マイクロ口座の0.1〜0.5ロット）でトレードしていました。

10万円程度の損益でも全然平気という方からすると、「そんなの全く増えないじゃない！」と思うかもしれません。

当時は、値動きを追ってチャートパターンをインプットして行くために、「それでもデモよりは痛みを感じるマイクロ口座を使う」というのが理由でした。

でも、私がそのマイクロ口座からここまで利益を増やしたのも事実です。

自分のお金の器がどのくらいなのかを確認するには、デモ口座を使って、自分は「どのくらいのロットまで、どのくらいの金額の含み損まで平気でいられるか」を試すことでも出来ます。

ただ、経験上お話ししますと、リアリストの方には、自分のお金ではないデモ口座で実際の痛みは特に感じられないと思います。

そうなると、やはり**飛ばしてしまっても良い金額**、例えば10万円くらいを口座に入れて、1万通貨もしくは5000通貨くらいでリアルにエントリーしてみて、「無理！」と思った含み損の金額を実体験する。

これが自分のお金の器、トレードの際の適正投資ロットや投資金額を一番、身近で実感しやすい方法ではないかと思います。

勉強代はかかりますが今後の糧になります。本当に「痛い」から。

高勝率でもロット数が小さ過ぎて利益が増えない

　お金の器が比較的小さめだった私は、幸運なことに、一瞬で口座を吹き飛ばすような大失敗を今も昔もしていません。

　その半面、勝率7〜8割をキープしていても、なかなか資産が増えない時期が長く続きました。

　例えば、1万通貨で出来た取引が、取引数量を5万通貨にした途端、すぐ利益確定してしまって**利を伸ばせない**、損切りも想定より早くなってしまう。

　ここでかなり苦しむことになりました。

　図1-7は2018年にまだ100〜1000通貨で取引していた時と、

図1-7　2018年と2020年のリオンの取引ロットと1トレードの損益

2018年	XMのマイクロ口座で最低100通貨の取引。損益も数十円から数百円と微々たるもの	

USDJPYmicro, sell 2.00		2018.04.27 15:30:46
109.419 → 109.205		428
USDJPYmicro, sell 2.00		2018.04.27 15:34:26
109.429 → 109.270		318
USDJPYmicro, sell 2.00		2018.04.27 15:37:46
109.442 → 109.265		354
GBPUSDmicro, buy 1.00		2018.04.30 11:14:16
1.37559 → 1.37442		-128
GBPUSDmicro, buy 1.00	100〜	2018.04.30 11:36:36
1.37505 → 1.37425	1000通貨	-87
GBPUSDmicro, sell 3.00	単位の	2018.05.01 10:09:42
1.37453 → 1.37600	トレード	-483
EURUSDmicro, buy 1.00		2018.05.01 10:28:43
1.20601 → 1.20513		-96
EURUSDmicro, buy 1.00		2018.05.01 10:29:32
1.20596 → 1.20513		-91
GBPJPYmicro, sell 0.25		2018.05.01 10:54:08
150.491 → 149.991		125
GBPUSDmicro, sell 0.50		2018.05.01 11:08:18
1.37415 → 1.37414		1
GBPJPYmicro, sell 0.25		2018.05.01 10:54:08
150.491 → 150.228		66
GBPJPYmicro, sell 3.00		2018.05.04 15:32:26
147.687 → 147.634		159

2020年	10万通貨の取引も出来るように。1回のトレードで1万円前後の損益に	

1.90326 → 1.90217		6 702
GBPAUD, sell 0.88		2020.04.30 03:33:00
1.90363 → 1.90198		10 143
GBPAUD, sell 0.88		2020.04.30 03:33:43
1.90390 → 1.90201		11 619
GBPAUD, sell 0.88		2020.04.30 03:35:57
1.90483 → 1.90230		15 551
GBPAUD, sell 0.88		2020.04.30 03:49:19
1.90358 → 1.90210	10万通貨	9 100
GBPAUD, sell 0.88	単位の	2020.04.30 04:28:12
1.90391 → 1.90201	トレード	11 680
GBPAUD, sell 0.88		2020.04.30 04:28:24
1.90413 → 1.90201		13 032
GBPAUD, sell 0.88		2020.04.30 04:28:45
1.90471 → 1.90230		14 813
GBPAUD, sell 0.88		2020.04.30 04:28:52
1.90497 → 1.90230		16 412
GBPAUD, sell 0.88		2020.04.30 05:00:07
1.90376 → 1.90201		10 758
損益:		594 341

2020年に1ロット（10万通貨）近く（実際は0.88ロット＝8万8000通貨が多かった）で取引できるようになった時の約定画面の比較です。

2018年はXMのマイクロ口座で取引していたので1ロット＝1000通貨。100ロットで10万通貨になります。

最低100通貨から最高でも数千通貨の取引だったので、1回のトレードの利益や損切りが数百円。中には100円以下の利益確定もあります。今、振り返ると本当に少額取引ですが、当時はこれが精一杯でした。

そこから2020年に1回のトレードで1万円前後の勝ち負けに動じなくなるまで、2年の月日がかかりました。

私の例はロットの上げ方がかなり遅いほうだと思いますが、それぐらい**ロット数のコントロールは難しい**ですし、生まれ持った自分のお金の器はなかなか広げられません。

この頃の私の勝率はかなり高いほうで、大体月8割前後。勝ててない頃なら許されたかもしれない。でも「これだけ勝てるようになったのにロットを上げていないから、資産の伸び率が良くない」。誰が責めるわけでもないのに、このことがかなり私を苦しめました。

🍀FX 高勝率なら想定内の損失を怖がる必要なし

そんな私が変われたのは、冒頭の漫画や「はじめに」でも少し触れた、**あるFXトレーダーさん**の言葉でした。

その方はFXトレードブログ「FXism」を主宰し、億トレーダーとして日々、実践トレードのYouTube配信も行っている**及川圭哉**（おいかわけいすけ）さんです。

私は及川さんのことを最大限の敬意を込めて「先生」と呼んでいます。なぜなら、FXで勝てず拒食症で入院してしまった私のFXト

レードスキルに救いの手を差し伸べてくれた恩人でもあるからです。

　お金の器が小さいせいで、ロットを上げた取引が出来ず、勝率は高くても絶対的な利益額が伸びないことに悩んでいた私。

　そんな私に先生から、

「今度、リオンちゃんの成績をみんなに見てもらおうと思って。きっと励みになると思うんだよね」

　というお話がありました。

　どうしよう……このロット……、先生に見られた。先生、きっと呆れてる。

「ロットが上げられないんです。負けるのが怖いんです！　ロットを上げた途端、負けていた時の自分に戻ってしまいそうで」

　恥ずかしくて珍しくキレ気味に、下を向いて正直に言いました。

「リオンちゃんは負けた時、その日のうちに取り返そうとして、またトレードする？」

「いいえ……トレードは1日1回しかしないので……」

「倍のロットにして一気に含み損を取り返そうとする？」

「いいえ…… 1回のトレード中のロットは変えないです。入った時のまま」

「**じゃあ、大丈夫。だってこの勝率だもん。100万円負けても、20万円で5回勝てるから。**ヘーキヘーキ。**まずは1日20万円勝てるのが当たり前になって欲しい**なぁ。きっと世界が広がるから」

　先生のこの言葉で私のお金の器は、ティーカップからパーティ用のビアサーバーくらい、大きくなったと思います。

「**100万円負けても、20万円×5回、また勝てばいいんだ**」

　実際は勝率から考えて100万円も負けることはありませんし、それで良いんだ、許されるんだ、と言って頂けたことで、損失への恐怖感がさほどなくなりました。

「絶対に全部勝つなんて無理なんだから、負けて良い。私、勝てているんだから必ず取り戻せる」

決められた範囲で損切りを確実に遂行し、伸ばせると思ったところでは無理のない範囲で伸ばして行く。これが出来るようになったことで、世界は一気に広がって行きました。

想定内の損失を怖がる必要はないんですよね。

その代わり、想定以上の大きな負けはダメです。

そこはお金の器と関係なく。

1日の利益が20万円を超えてくると、**FXを始めた時に誰もが夢見る「月100万円の利益」**をはるかにオーバーします。

税金を引いても、恐らく生活にはさほど困らないはずです。

その境地に到達して**「生活のためのお金を一切心配しなくて良い」**という安心感を人生で初めて手に入れることが出来ました。会社や国や親に頼ることなく、自分の力だけで生きて行けるとやっと言える。

それを叶えてくれる可能性があるのがFX。

だからこそ、お金の器とロット数を徐々にでも良いので広げる努力を続けましょう。

それが「レバレッジをかけられる」という、他にはあまりない、FX最大の魅力なのですから。

私は今後も頑張ってロットを上げて行くつもりです。

及川先生みたいな、凄いトレーダーの皆さんに少しでも近づいて行きたいから。

FX 「勝ち逃げ最強」という言葉がリオンを救った！

勝率2割でめそめそ泣いていた私が劇的に変わったのは「利益確定」についての考え方が180度変わったからです。これは本当に今でも実感しています。

冒頭の漫画で紹介したように、私のFXの勝利の扉を開いてくれ

たのも、及川先生のこの言葉でした。

「チキン（臆病な）利確をして何が悪い。時短で勝ち逃げることが何より最強だ！」

　冒頭の漫画にもあったように、FXを始めたばかりの頃、高額な授業料のFX塾に入っていた時期があります。

　講師を務める人が強く言っていたのは、「損切りは当然として、**利益を伸ばせない人もトレーダーではない**」「メンタルを安定させましょう」「リスクリワードが何よりも大事」でした。

　塾で教わった「リスクリワード1：3」を目指して日々頑張ってはいました。

　でも、改めて自分のしてきたトレードを振り返ると、こまめに利益確定さえしていれば勝てていたトレードを、わざわざ**「リワード3」になるまで引っ張ったせいで負けたパターン**ばかり。さらに**損切りだけは教科書通り「リスク1」**をきっちり守っていました。塾ではプラスマイナスゼロでの撤退は認められていませんでしたので。

　そうすると、「リワード3」を目指して伸ばしていた利益を「2」に戻され、やがて「1」まで減ってしまったので、塾講師の教え通りなら、まだ利確はしてはいけない。

　「3にするまで頑張る」と粘っていたら、そのうち、全戻し。ついに損益はマイナスに。

　そして、損切りは「-1」という、ここだけを丁寧に、教え通りに守ってしまう。

　「2」の利益が出ていたところで利益確定しておけば良かったものを、わざわざ「-1」まで続けてしまって負け続ける。

　これが当時のリオンの**驚異の低勝率2割の真相**です。

　そういった、FXトレードの今までの概念を全て壊してくれたのが及川先生でした。

　少し長くなりますが、当時読んで**リオンが勝てるトレーダーになれた言葉**なので、及川先生のブログから引用します。

「トレード経験豊富な人であれば利を伸ばす最中の『途中の戻し』にも耐えられる。しかしキャリアが浅い人の場合、『途中の戻し』にビビって切らされてしまうのでは、僕は想像するんです。つまり、その場合、損切りだけが遅めで、なおかつ利を伸ばせないトレードになります。（中略）本当はもっと引きつけた値からエントリーしたいのですが、けど、そのまま、もし伸びてしまったらトレードチャンス自体が消滅してしまいます。なので、とりあえず、ちょっとだけ入っておくと。その**打診ポジション**がそのまま伸びたら利益額は少ないものの、とりあえず『**プラス収支**』**を得る**ことが出来る。それは『あり』だと僕は考えるわけです」

「**打診エントリー**」と「**勝ち逃げ**」。

　この2つが出来るようになってから、私は急に勝てるようになりました。それはもう、**自分でもびっくりするぐらい急に**、です。

　小さなロットで分割して入って行ったら、全体ロットが増えてもエントリーにおびえないようになりました。

　打診で入るのが許されると知って、チャンスロスが減りました。

　少しでも「ダメだ」と思ったら**リスクリワードにこだわらず勝ち逃げしてもいいんだ**、と分かったら、勝率が上がりました。

「これって、まぐれじゃないのかなぁ？」と何度も思うほどに。

　勝てるようになってからも私は半年もの間、疑っていました。

　自分の成長ぶりに半信半疑というのは**「勝てるようになる過程のあるある」**のひとつで、トレーダー同士でよく出てくる話題です。

🍀FX 2019年1月、月間勝率100％を達成

　2018年から2019年の年初にかけての勝率の推移は次ページの**図1-8**のようになります。

　2018年5月、33％だった勝率は、及川先生の「勝ち逃げ最強、打診エントリーOK」という教えのおかげで、11月には**勝率80％、**

図1-8　2018年から2019年にかけてのトレード成績

「勝ち逃げ最強、打診エントリーOK」の教えで 2018年5月の勝率33%から2019年1月には勝率100%、 1000pips超獲得。急に上手くなった				
2018年	月	勝率%	獲得Pips	Memo
	5	33		ボロ負け
	6	50		いつまでトントン？
	7	48		勝ちきれず・・・
	8	32		まだダメ。
	9	50		ヘタレ治らない
	10	76.4	-45.4	負けが減って来てる
	11	80.7	504.6	500P超えた
	12	94.7	552.9	少しロット上げれた！
2019年	1	100	1113.9	ついに1000P 超えた。

　獲得pips数500を突破。2019年1月には勝率100%、1か月間、1日も負けることなく、**獲得pips数も1000pips**を超えました。数字だけだと凄いようにも見えますが、大事なのはpipsでも100%勝つことでもなく、**利益率**なので、そこは強調しておきますね。

　でも2年間、ずっと苦しんで来た私にとっては凄く嬉しい結果だったのは事実で、ノートPCの画面部分を抱きしめて初めて**嬉しさ**で泣きました。

　といっても画期的な手法に変わったわけではなくて「勝てると思えるチャートパターン」の時にエントリーして、**「日々勝ち逃げ」**を目指しただけです。

「どんなにショボいって笑われたって良い。どんなにセコいと思われても良い。**ちまちま勝ち続ける**んだ、1日の収支をプラスで終わらせるんだ。100円、200円でも良いから」

こうして「私は勝てる」という記憶を積み上げて行きました。

大事なのはリスクリワード比ではなくて**「勝つこと」**。ここを間違えてしまうと、私みたいな回り道をすることになります。

FX FXの成長曲線はレンジブレイク型

どうしても「勝ち組・負け組」という言葉が好きになれず、使ったことがありません。

「5年は修業！」とか「3か月で勝てないならやめたほうが良い」といった、何のエビデンス（根拠）もない常識（？）が、どこから来たのか謎です。

私はナルシストの自信家なので「世の中にFXで勝てている人がいるんだから今、**負け続けていても、いつか絶対勝てるようになる**」と信じていて、「諦める」という選択肢はありませんでした。

私の成長曲線を振り返ると、次ページの**図1-9**のようになります。果てしなく続くように思えたあの**「暗闇期」**が、底を堅く支えるジャンプ台になったおかげで、抜けてからが早かった――そんな感じではないかなと。

FXの成長曲線はレンジブレイク型だと言われます。「進まない」時期を長く経験する方のほうが多いようです。

それが何かのきっかけで突然、ある時から自分で感じるようになります。

「最近あまり負けないなぁ」→「勝てている？」→「あ、大丈夫だ」

各ステージの長さも人によって違うのですが、少しずつ、確実に進んで行きます。その過程で諦める方が多いのですが、真剣にFXと向き合い、学び、実践し、反省して進化しようと頑張っているFXトレーダーさんなら、その期間には差があってもブレイク出来ると信じています。

図1-9　リオンのトレードスキルの成長曲線（イメージ）

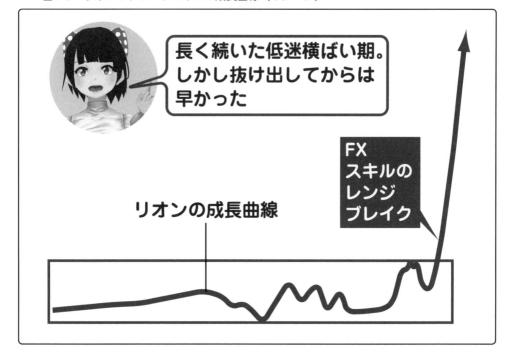

泣き虫2割バッターだった私でも底ばい圏から一気に急騰できたんですから、あなたもきっと出来ます。

　必ず、光は見つかりますから、その方向へと進んで行ってください。信じられる光が示す方向を見つけることが出来たら、なるべく雑音は入れずに。あまり手法をコロコロ変えたりしないほうが良いかと思います。

　最初は弱々しく感じるかもしれませんが、それがあなたに合っていた場合、徐々に確実に強くなって行くはずです。

　現在、勝てているトレーダーさんがみんな同じように言うのですが、

「その時って、急に来る」

のです。

第 **2** 章

—

トレードに
明確な「根拠」を
もたらす20の
バトルアイテム

FX 武器になるのは誰もが意識する
テクニカル指標

FXの取引はバトルゲームみたいだなといつも思います。

戦いには武器、装身具、回復薬、保管庫など、様々なアイテムが必要です。

トレーダーが装備するのは**「テクニカル指標」**。

過去のチャートから**値動きの方向性（トレンド）**やその**強さ・弱さ（モメンタム）**を測り、今後どのように動くかを予測するための「目安」「目印」「判断材料」、それがテクニカル指標です。

テクニカル指標の種類は大まかですが、

- **トレンド分析**……市場の大まかな方向性を見極めることを目的としたテクニカル指標。移動平均線（MA）、MACD、ボリンジャーバンド、一目均衡表、パラボリックなど
- **オシレーター分析**……現在のトレンドの強さや過熱感など変化の大きさや兆しを察知するもの。売られ過ぎ、買われ過ぎなどを測る指標としてRSI、RCI、ストキャスティクスなどがよく知られている
- **フォーメーション分析**……チャートに現れるパターンから今後の動きを予測する。ダブルトップ、ヘッド＆ショルダー、三角保ち合い、ソーサートップ＆ソーサーボトム（ラウンディングターン）など

に分けられます。

他にも、「黄金比率」と言われる**1：0.618などフィボナッチ数列を応用した「フィボナッチ」**なども人気でよく使用されています。

戻り売りの際の戻り幅がどうしても分からない時などに、私も使

います。

「MT4」に標準搭載されたインジケーターだけでも相当な数があるので、初心者さんだと見るだけで大変ですよね。

私は分からないことを調べるのが好きなので、一通り勉強だけはしましたが、使いこなすのは無理、と判断。早いうちにほとんどを消しました。MT4も軽くなりますし、「これも使ってみようかな」と余計なことをしないで済みます。

様々な種類があるように見えて、実はほとんどが派生で、ベースになっているのは数種類です。複雑で難解で、高度な知識が必要な指標を使ったからといって、勝てるわけでは、もちろんありません。

特にオシレーター系は、RSIやストキャスティクスなど名前も見た目もカッコイイ感じですが、使いこなすにはかなりの理解力が必要かと思います。

トレードに使うシグナルは、そのシグナルに注目している投資家が多ければ多いほど効果を発揮します。

インジケーターも、サポートレジスタンスラインも「誰も見ない」ようなものは、当然機能しません。なるべく、たくさんの人が選んで、その時に注目し、実際にエントリーすることで相場が動いて行きます。

私が**たったひとつだけ、インジケーターに「移動平均線（MA）」を選んだ理由**も、

「世界中の人が一番見てくれそうだから」

「自分が見やすいから」

という2つの理由だけです。

実際のトレードでは誰もが意識する争点や攻守の切り替えポイントを**「いち早く見つけること」**、次に**「その位置で確かな判断が出来るようになること」が大切**です。

そんな大変なことを求められるのですから、シンプルで分かりや

すくて機能しやすいオーソドックスなアイテムでないと使いこなす
前に脳がパンクします。

　第2章では、FXのテクニカル分析に使う判断材料をアイテムごと
に紹介します。

　紹介するアイテムは昔からある、とてもオーソドックスなもので、
リオン独自の変わったものではありません。

　FXトレードの「基本」をまずきちんと理解して、次にご自分が
使いやすいようにカスタマイズして行く、そのヒントになるように
「リオン式テクニカル指標」をご紹介して行きますね。

　第3章の**リオン式ゾーントレード**を理解して頂くためにも、既に
ご存知の皆さんは復習のつもりで。

　初めての方にはリオンなりの値動きに対する考え方や感じ方もご
理解頂けるように織り込んで行きますので、ゆっくり見て行ってく
ださい。

FX　サポートとレジスタンスは　最強のエントリーポイント

　まずは基本的なエントリー方法について。

　図2-1の左側は現在、大きく上昇しているチャートです。

　2022年3月から10月にかけて1ドル151円台まで急上昇したドル
円がまさに、こんな感じでしたね。

　「上位時間足」（メインの時間軸よりも長い時間軸のチャート。例
えば5分足チャートに対する4時間足チャートなど）を見ずに、ま
ずはチャートの値動きだけを見て、「どこでロングする（買う）か、
もしくは上がり過ぎなのでショートする（売る）か」などを少し考
えてみましょう。

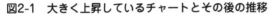

図2-1 大きく上昇しているチャートとその後の推移

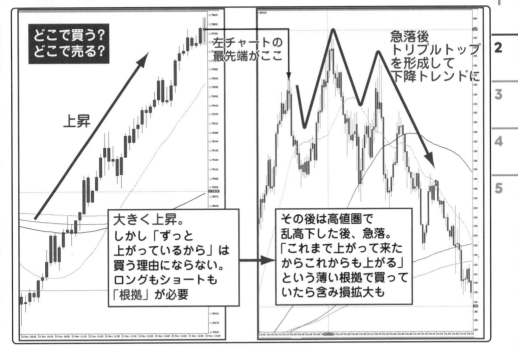

　ずっと上がっているので、**「どこで買っても勝てるはず！」**と、すぐにロングで入るというのもダメなわけではないのですが……。

　ただ、その場合、エントリー根拠になったのが「ずっと上がっているから」ですから、「ここから上がらなくなったら」どうするのかな、と。

　適当な位置で何の根拠も持たずにエントリーすると**「上げ相場でロングしているのに負ける」**という不思議な事態が起きます。

　たまたま、そこが大きめの押し目だった場合やラストの上げが済んだ直後だった場合、明らかに下がって行く事実を目の前にして「ずっと上がって来たから、ちょっと下がってもまた上がるだろう」と考えて、含み損が膨らんでも切らない。

「だって、これまでは上がって来たんだから、まだ上がるはず」

　そのうち、含み損がどんどん大きくなってしまい、

「いやいや、絶対、また上がるはずだから今、切るのは悔し過ぎる」といって判断を先延ばしにする。

さらに下がって、夜も寝られないぐらいの含み損になり、後は「神様、どうか私の願いを叶えてください」。

これが、1回のトレードで大きな損失を生む「お祈りパターン」です。

失敗の理由は**エントリーの根拠が少ない**こと。

「これまで上がっているから」というのは根拠としてはほとんど意味を成しません。

「なぜロングするのか？　なぜショートするのか？」、その根拠として頼りになるのが、

　　　　過去のサポート（支持帯）やレジスタンス（抵抗帯）

です。例えば、ロングの場合は、

●過去に何度か下げ止まった**サポートで今回も下げ止まって上昇に転じたから**

●過去に何度か跳ね返されて反転下落した**レジスタンスを今回は上に抜けたから**

という2つが主な買いの根拠になります。ショートの場合は、

●過去に何度か跳ね返された**レジスタンスで今回も跳ね返されて下落したから**

●過去に何度か下げ止まった**サポートを今回は割り込んで下落したから**

という2つが主な売りの根拠になります（図2-2）。

「サポートやレジスタンスが守られるか、ブレイクされる（破られる）か」、この4パターンに大別されます。

日常生活ではみんな根拠を持って行動しています。

それがなぜかFXトレードになると、人は「大きく儲けたい、絶対に損したくない」という欲とその裏返しの不安や恐怖で行動して

図2-2　サポート（支持帯）とレジスタンス（抵抗帯）を使ったトレード戦略

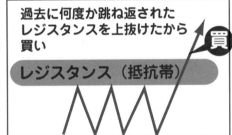
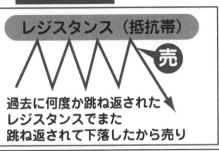
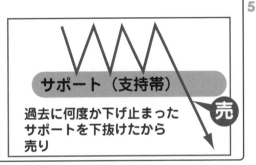

しまいます。

　たとえ、根拠を持ってトレードしていても、普段では考えられない行動に出ます。

　相場がどう動いても、起きた事態に対処して行けるように、普段からたくさんのハプニングを想定しておきましょう。本当にビックリするようなことが次々と起こりますから。

FX 値動きの方向性＝トレンドを意識する

　FXでもうひとつ意識しないといけないのは「トレンド」です。

　値動きが全体としてどちらの方向に向かっているか？

　レートは時々刻々上下動していますが、全体として見ると「右肩上がりか、横ばいか、右肩下がりか」の3つの方向に動いています。

右肩上がりの上昇トレンドが続いている間は、ショートよりもロングのほうが利益を出しやすくなります。

　それは右肩下がりの下降トレンドの場合も同じ。ショートのほうが利益を出しやすく、ロングで成功するのは難しくなります。

　もし横ばい相場が永遠に続くなら、「上がった時に売って、下がった時に買う」という逆張りの取引を繰り返せば、永遠に利益を出し続けることが出来ます。

　チャートを見て、チェックするポイントは次の3つ。

● **サポート**（レートが下げ止まりそうなポイント）

● **レジスタンス**（レートの上昇が跳ね返されそうなポイント）

● **トレンド**（全体としての方向性）

　この3つがローソク足チャートの中でどんなふうに発生するかを見て行きます。

　ローソク足は一定期間のレートの値動きを1本のローソクのような棒で表したもの。棒は実体部分と上下に伸びたヒゲで構成されていて、

● 陽線の場合は実体部分の下辺が始値、上辺が終値、上ヒゲが高値、下ヒゲが安値

● 陰線の場合は実体部分の上辺が始値、下辺が終値。陽線とは逆になります。上ヒゲが高値、下ヒゲが安値は陽線といっしょ

になります。後で説明しますが、最先端のローソク足はリアルタイムで変化し、設定期間が過ぎると1本のローソク足の形が完成して、また新しい足が出現します。

　ローソク足の形や組み合わせ、全体で見た時の形状（「フォーメーション」や「チャートパターン」と呼ばれる）も値動きの方向性や勢いの目安になる貴重なヒントです。

　FXのチャート分析で最低限必要なのは「サポートレジスタンス」「トレンド」「ローソク足」についての理解。

これらをきちんと把握しておくことが、明確な根拠を持ってトレードして行くための、基礎ステップになります。

FX サポートやレジスタンスの具体的な目印

では、サポートやレジスタンスの具体的な目印になるのは何でしょうか。ここからはゲームの攻略本風に、取引の明確な根拠となるサポートやレジスタンスを、アイテムごとにひとつひとつ紹介して行きます。

FXシグナル	直近の高値・安値 ≫	重要度	★★☆☆☆
		頻出度	★★★★☆
		エントリー根拠	★★☆☆☆
		精度	★★☆☆☆

直近高値というのは、取引している時間軸の値動きの中で**最近つけた一番高い価格**のこと。直近安値というのは**最近つけた一番低い価格**を指します。

● **直近高値を超えれば上昇の勢いは強い**

● **直近高値を超えられないと上昇の勢いは弱い**

と判断します。また、

● **直近安値を割り込めば下降の勢いが強い**

● **直近安値で反発すれば下落の勢いは弱い**

というのが基本的な判断になります（次ページの**図2-3**）。

むろん、結果的には判断通りの値動きにならない**「フェイク」**（「ダマシ」とも言いますが、本書では「フェイク」と呼びます）の場合もあります。

また、値動きが上昇トレンドになるためには、直近高値と直近安値が次々と切り上がって行く必要があります。

図2-3　直近の高値・安値の基本戦略

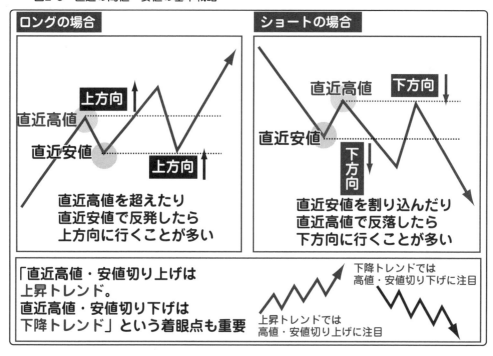

下降トレンドは直近の高値・安値をどんどん切り下げて行く動きです。横ばい相場は直近高値・安値の範囲内で上下動する動き。

直近高値・安値は**トレンドを判断する上でも重要**なアイテムです。

FXシグナル	過去の高値ライン・安値ライン	重要度	★★★☆☆
		頻出度	★★☆☆☆
		エントリー根拠	★★★☆☆
		精度	★★★★☆

ひとつの高値ではなく、**複数の高値が集まっている価格帯**は過去に何度も上昇を阻まれたラインと見なせるので、**強力なレジスタンス**になります。逆に複数の安値が集まり、過去に何度も下落が止められたラインは**強力なサポート**になります。

チャートを見る時、必ずそういったラインがないかをチェックし

て、そのラインに対して今、レートがどの位置にあるかを意識して
おきます。

　レートが過去の高値・安値ラインの近くにあれば、

● **過去の高値ラインで跳ね返されて下がったからショート**

● **過去の安値ラインを割り込んで下げが加速したからショート**

　という判断に使えます。

　ロングの場合は、

● **過去の安値ラインで反発したらロング**

● **過去の高値ラインを抜けて勢いよく上昇し始めたらロング**

　というように、実際のエントリー根拠に直結する、重要なライン
です（図2-4）。

　この高値・安値ラインに関しては、小さな分足など自分の執行時
間足（実際にトレードをする際に使用する時間足）ではなく、大き

図2-4　過去の高値・安値ラインの基本戦略

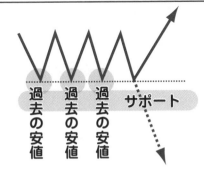
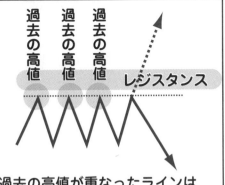

な時間足の高値・安値をより重要視してください。

私がエントリーする際、最後に「SELL（売り）」ボタンを押すのは主に5分足チャート上です。でも、その前に必ず、1時間の値動きを1本のローソク足で示した**1時間足チャート、そして4時間足チャート、日足チャートの重要な高値・安値が5分足チャートのどこにあるのか**を把握しています。

それが分かっていないと私のロジックではエントリーは出来ません。

まず**何よりも先に上位時間足の重要な高値・安値ライン**を引く。それが、毎朝のルーティンです。

FXシグナル	キリの良いレート （キリ番）	》	重要度	★★☆☆☆
			頻出度	★★★★☆
			エントリー根拠	★☆☆☆☆
			精度	★★☆☆☆

投資家が意識しやすいキリの良いレートも、値動きが反転したり、そこを超えると弾みがつきやすかったりするラインになるので無視できません。

ドル円でいうなら142円や145円。ポンドオージーなど海外通貨同士のペアの場合は、1.73、1.76など**小数点第2位ピッタリ**（小数点第3位以下がゼロ）のレートになります。

このキリの良いレートは**「キリ番」**、または**「ラウンドナンバー」**（※）と呼ばれます。

キリ番は、全く意識されることなく、突き抜けたり割り込んだりすることもあります。

※リオンのFXにまつわるアレコレ
　ラウンドナンバーなのに誰にも意識されないラインを私は**「スルーキリ番」**と呼んでいます（リオン語）。上がる時にスルーされたキリ番は下がる時もスルーされやすい、という性質があって、これはこれで、利確にもエントリーにもちょっと使える、面白いサインなのです。

いったん、そのキリ番近辺で下げ止まり・上げ渋り、反発・停滞

の動きが出ると、投資家の意識が集まり、**強いサポートやレジスタンス**になるので、注意して観察しましょう。

さらに桁の少ない140円や150円、1.70ドル、1.80ドルといった**「大キリ番」は相場の重要な節目**になります（図2-5）。

そういった大キリ番の前後には大口投資家のオプション行使価格や損切り・利益確定ラインが集中していることが多いからです。その価格帯をまたぐと、大口投資家の取引発動でかなり大きな値動きが生まれることもあります。

ただし、「誰もが意識するはずだ、と**素人が思うだろうから**」と、プロ達があえてそこでは何もアクションを起こさないこともあります。例えば、140円という大キリ番ではなく、その1円上の141円が重要なサポートやレジスタンスになるケースです。

2022年のドル円の値動きを見ると非常によく分かりますので、

図2-5　キリ番（キリの良い為替レート）の基本戦略

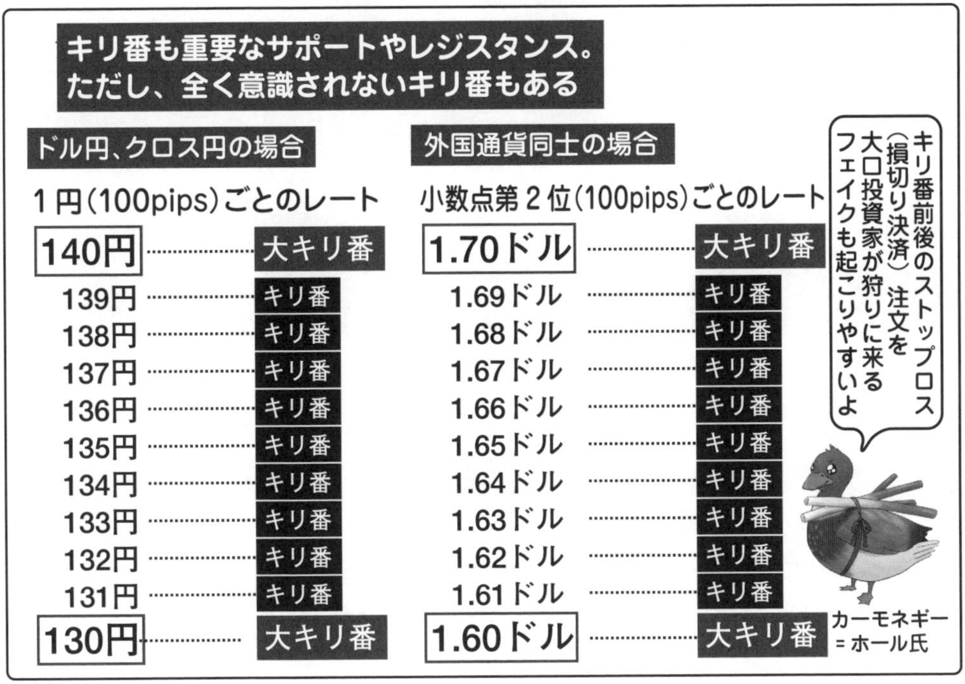

キリ番も重要なサポートやレジスタンス。
ただし、全く意識されないキリ番もある

ドル円、クロス円の場合　　1円（100pips）ごとのレート

140円	大キリ番
139円	キリ番
138円	キリ番
137円	キリ番
136円	キリ番
135円	キリ番
134円	キリ番
133円	キリ番
132円	キリ番
131円	キリ番
130円	大キリ番

外国通貨同士の場合　　小数点第2位（100pips）ごとのレート

1.70ドル	大キリ番
1.69ドル	キリ番
1.68ドル	キリ番
1.67ドル	キリ番
1.66ドル	キリ番
1.65ドル	キリ番
1.64ドル	キリ番
1.63ドル	キリ番
1.62ドル	キリ番
1.61ドル	キリ番
1.60ドル	大キリ番

キリ番前後のストップロス（損切り決済）注文を大口投資家が狩りに来るフェイクも起こりやすいよ

カーモネギー
＝ホール氏

パッとチャートを見て、

「どこがフェイクの生まれやすい場所なのか？

そして、それは本当にフェイクなのか？

自分だったらどこに罠を仕掛ける？

どの位置が一番多くの人の損切りを巻き込める？」

という観点でチャートを見る癖を早い段階でつけてください。

相場とはこういった**騙し合いと読み合いの世界**です。

私たち、個人投資家はいつもそんなふうに見られているのです。

FXシグナル	上昇トレンドのサポートライン、下降トレンドのレジスタンスライン	重要度	★★★☆☆
		頻出度	★★★☆☆
		エントリー根拠	★★★☆☆
		精度	★★★☆☆

　上昇トレンドの安値同士を結んだ右肩上がりのサポートラインや下降トレンドの高値同士を結んだ右肩下がりのレジスタンスラインは**「トレンドライン」**と呼ばれます。

　通常の高値・安値ラインは水平線ですが、トレンドラインはトレンドの方向性や勢いを判断するため、**角度がついて傾いている**点に特徴があります。

　上昇トレンドで安値同士を結んだサポートラインを下に抜けてしまうと、上昇トレンドが終わるサインととらえることが出来ます。

　下降トレンドで、これまで上昇を阻んで来たレジスタンスラインを突破したら、上昇トレンドに転換した可能性を考慮します。

●**上昇トレンドのサポートライン下抜けは強い売りシグナル**

●**下降トレンドのレジスタンスライン上抜けは強い買いシグナル**

になります（図2-6）。

　急角度の上昇・下降トレンドの場合、サポートラインやレジスタンスラインをブレイクする動きは、他のシグナルよりもかなり早く起こります。

図2-6 サポートライン・レジスタンスラインの基本戦略

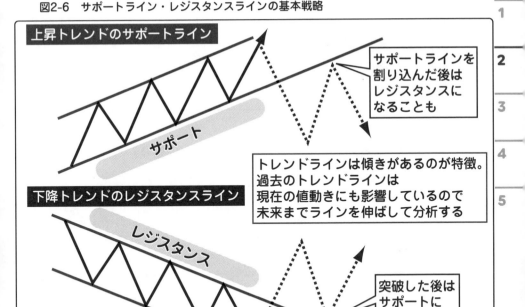

　トレンドを判断する指標には、トレンドラインの他に移動平均線もありますが、移動平均線に比べてトレーダーによる期間設定がない分、ブレは少ないと思います。

　ただ、ローソク足の実体部分の反転や抜けに注目するのか、それとも上ヒゲ・下ヒゲタッチで判断するのかなど、トレーダーの考え方次第の部分もあるので、値動きがトレンドラインのところで**ピッタリ止まるわけではない**と思っておきましょう。

　これはトレンドラインだけでなく水平線でも、移動平均線でも同じです。そのラインに当たった時、ローソク足がどう動くかをじっくり見て行きます。

レンジ相場の上限・下限

重要度	★★★☆☆
頻出度	★★★★☆
エントリー根拠	★★☆☆☆
精度	★★☆☆☆

レートは一方通行のトレンド相場と、一定の値幅を上下動する**レンジ相場**（「保ち合い」「ボックス相場」「横ばい相場」とも言います）を繰り返します。

トレンド相場といっても、その過程ではトレンドがいったん小休止して狭い値幅で上下動するレンジ相場が挟まることも多く、これを「中段保ち合い」と言います。

レンジ相場はある一定の高値と安値のレンジ（値幅）内を行ったり来たりする値動きです。レンジ相場が続く限りは（図2-7）、

●**レンジの上限まで上昇したら下方向が有力**

●**レンジ下限まで下落したら上方向が有力**

というように判断するのが一般的です。また、

●**レンジの上限を突破したら上方向が有力**

●**レンジの下限を割り込んだら下方向が有力**

という「**レンジブレイク**」の判断もあります。

ただ、レンジ相場には「何回タッチしたらレンジと見なすのか」、その始まりと終わりの明確な定義がないのです。

大体、2回目以降のタッチで上限・下限が構成されたと判断しますが、レンジ相場の上限をレートが突き抜けて上昇トレンド入りすることもあれば、下限を割り込んで下降トレンドに移行することもあります。レンジが続く時間の長さ、幅（個人の感覚で上下幅が違って来る）、どこで反転するかの判断、全てに定義がない分、エントリータイミングの見極めが難しいと思います。

図2-7　レンジ相場の上限・下限ラインの基本戦略

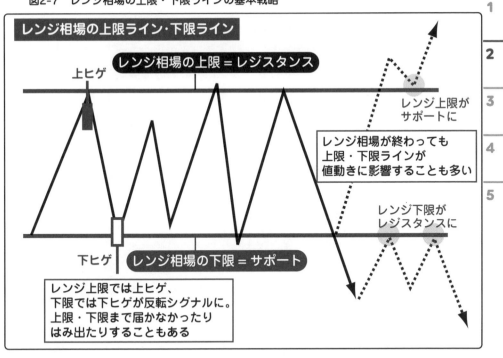

F X シ グ ナ ル	サポートレジスタンス ライン （リバースタッチ）	重要度	★★★★★
		頻出度	★★☆☆☆
		エントリー根拠	★★★★☆
		精度	★★★★☆

　これまでレートの下落を止めるサポートの役目を果たしていたラインがあったとして、レートがそのラインを割り込みました。

　しかし、下落は続かず、レートは反発。割り込んだサポートラインをもう一度超えようと上昇して行きます。

　そして、サポートラインにぶつかったところで再下落。今度はもう反転上昇せず、そのまま一直線で下落して行きました——。

　サポートラインやレジスタンスラインを挟んだ、こうした**N字型**の値動きはかなり頻繁に登場します。

それは「これまでサポートだったラインが今後、レジスタンスに**役割転換するのか、確かめに行くような動き**」です（図2-8）。

サポートからレジスタンス、レジスタンスからサポートに役割が転換したライン、サポートとレジスタンスの両方で機能しているラインのことを「**サポートレジスタンスライン**」と呼びます。

そして、サポートラインを割り込んだ後、再び上昇して、それまでのサポートラインに「裏（下）から」ぶつかって跳ね返される動きを「**リバースタッチ**」と呼びます。レジスタンスラインを飛び超えた後、反落して、それまでのレジスタンスラインに「上から」ぶつかって再度上昇に転じる動きもリバースタッチです。

買い手や売り手も含めた、多くの投資家が意識しているラインであればあるほど、売り買いの攻防が激しくなり、何度も値を試す動きが起きます。そのため、どちらかにブレイクした時は大きな動き

図2-8　サポートレジスタンスラインの基本戦略

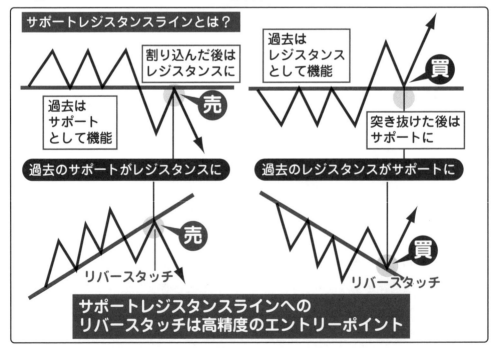

になりますので、しっかり見て判断できれば精度の高いエントリーが可能です。

　図2-9はポンドオージーの2021年7月20日から9月30日の4時間足チャートです。

　それまでサポートとして働いていた水平線がその後、レジスタンスとして機能したり、短期的ですが、またサポートに転換したりしたラインが2本あります。

　まずは自分で見つけてみてください。

　私が引くなら、次ページの図2-10に示した2本のラインになります。

　ラインAは、画面左側の上昇局面で下落を何度も止めて、その後のさらなる上昇に繋がりました。しかし、レートが天井圏から下落

図2-9　サポートレジスタンスラインの見つけ方ドリル

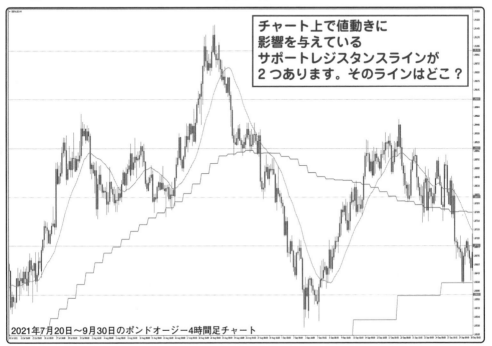

チャート上で値動きに
影響を与えている
サポートレジスタンスラインが
2つあります。そのラインはどこ？

2021年7月20日〜9月30日のポンドオージー4時間足チャート

図2-10　値動きに影響を与えているサポートレジスタンスライン

2021年7月20日〜9月30日のポンドオージー4時間足チャート

した後は、このラインが今度は①のゾーンで短期間ですがレジスタンスとなり、上昇が一時的に止まっています。

　ここから一直線で下がれば、サポートレジスタンスラインとして機能したことになります。

　実際はラインAを突破して上昇し、再びラインAが②のゾーンでサポートとして機能したものの、③のポイントで一気に割り込んで下落が加速しています。

　もうひとつは、画面左側のレンジ相場で何度も上昇を阻んだ**ラインB**です。その後、このラインを上抜けて上昇した後、いったん下落していますが、今度は④のポイントでリバースタッチが起こってサポートラインに変身。その後の急上昇の発射台になっています。

　天井を打ってからの下落局面では、⑤のゾーンで長らく再上昇を阻むレジスタンスの役割を果たしました。このサポートレジスタン

スラインBですぐ反転上昇できなかったことが、⑥の急落に繋がっています。その後、再び上昇したものの、⑦のゾーンではラインBがレジスタンスとなり、それ以上の上昇を阻んでいます。

　ローソク足が動いた軌跡、投資家から意識されたことが多いと思われる価格帯をチャート上で見つけて繋いでみてください。水平線が見つからない場合は、斜めに引くトレンドラインでも大丈夫です。「どこが強く意識されたのか？」を考えて引いて行ってください。

　サポートレジスタンスラインでのエントリーは（次ページの図2-11）、

- **これまでサポートとして機能して来たラインに上昇を阻まれたらレジスタンスに役割転換が起きたと見なしてショート**
- **これまでレジスタンスとして機能して来たラインが下落を止めたらサポートに役割転換したと見てロング**
- **サポートレジスタンスラインとして機能して来たラインを勢いよく突破したものの結局、そのラインを上に超えられない、下に抜けられないフェイクの場合**もあるので、よく確認してエントリーする

といった判断を基本にして行います。

FXシグナル	トレンドラインのサポートレジスタンス転換 ≫	重要度	★★★★☆
		頻出度	★☆☆☆☆
		エントリー根拠	★★★★☆
		精度	★★★★☆

　サポートレジスタンスの役割転換は水平線の高値・安値ラインに対してだけでなく、**傾きのあるトレンドラインや移動平均線**に対しても起こります。

　まとめると、以下のようになります。

- **これまで上昇トレンドを支えて来たサポートラインを割り込んだ**

図2-11　サポートレジスタンスラインの基本戦略

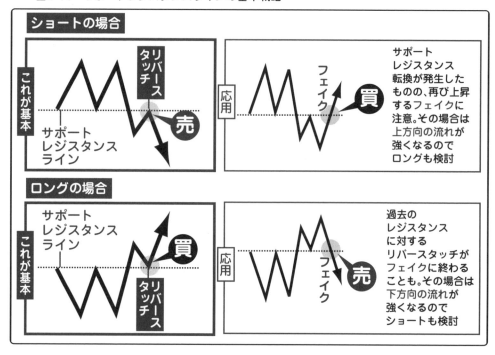

レートがいったん上昇したものの、**過去のサポートラインの下で
レンジ相場を形成したり、単純にリバースタッチして跳ね返され
たりしたらショート**

●**下降トレンドのレジスタンスラインを飛び超えたレートがレジス
タンスライン近辺でレンジ相場を形成したり、レジスタンスライ
ンにリバースタッチしたりした後、上昇が継続したらロング**

　トレンドラインのサポートレジスタンス転換のほうが、よりはっ
きりしたN字型になることが多く、分かりやすいかと思います。

　ここまでトレードの直接の根拠になるサポートラインやレジスタンスラインの基本的な見方を説明してきました。

　こうしたラインは、レートが長期間値動きを繰り返さないと見えてきません。

　ラインを発見するためには、5分足を使った短期トレードでも、1時間足、4時間足、日足といった上位足チャートを見て、どこにどんな節目があるか、俯瞰的、大局的に全体像をとらえる必要があります。

　それに比べると、**時間経過とともに次々と新しい足が生まれるローソク足の変化**は種類が多過ぎて、パターン攻略の難易度は上がりますが、ローソク足がなければエントリー判断が出来ません（欧米ではラインチャートを使う人も多いようですが）。

　ここではローソク足の基本的な見方について、ポイントを絞って解説して行きますね。

　ローソク足1本の中にはその期間中のレートの始値・終値・高値・安値という4つの価格情報が入っています。始値より終値が上昇していれば陽線。一方、終値が始値より下がっていれば陰線と呼ばれます。

　私のRionチャートでは陰線を赤、陽線を青に設定しています。

　次ページの**図2-12**に示したように、

●**大陽線、大陰線は勢いが非常に強い**

●**実体部分が小さくなるほど値動きの勢いは弱い**

●**上ヒゲの長い線は上昇したもののショーターが頑張って押し戻した形なので弱い**

●**下ヒゲの長い線は下落したもののロンガーが下支えした形なので強い**

　といった見方をします。

　また、ローソク足は1本を単独で見るのではなく、**複数の組み合**

図2-12　ローソク足の見方と基本戦略

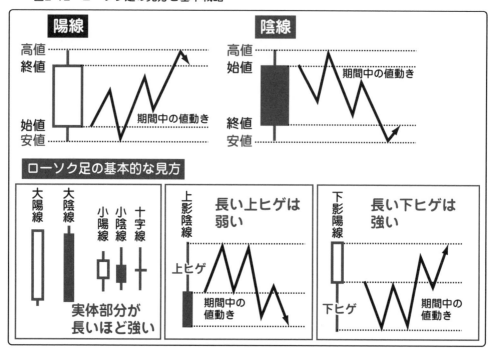

わせでも見て行きます。

　ローソク足は江戸時代の米相場の値動きを分析するために考案されたもので、「酒田罫線（さかたけいせん）」というローソク足の解読法を示したものがありますので機会があれば是非、勉強してみてください。

　FXの場合、ほぼ24時間取引が行われているため、土日を挟む場合以外は、日足のローソク足に「窓」と呼ばれる空白が生じることはまず、ありません（ごく稀に、FX会社が扱い切れない、約定できません！というほど国家レベルの変動が起きた時には、値が飛んで空白の窓が出来ますが、それも会社によります）。

　多くの場合、前の足の終値の位置から次の足の始値がスタートします。よく出てくるローソク足の組み合わせには、図2-13のようなものがあります。

●大陽線を全て打ち消すような大陰線は天井圏で出たら、強い下落

図2-13 ローソク足の特徴的な組み合わせと見方

天井・大底圏の大陽線・大陰線

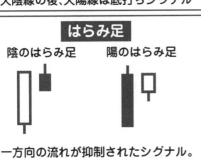

天井圏　大底圏

大陽線の後、大陰線は天井打ち、
大陰線の後、大陽線は底打ちシグナル

包み足・抱き足

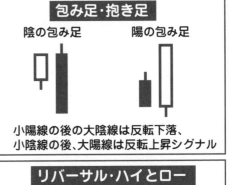

陰の包み足　　陽の包み足

小陽線の後の大陰線は反転下落、
小陰線の後、大陽線は反転上昇シグナル

はらみ足

陰のはらみ足　　陽のはらみ足

一方向の流れが抑制されたシグナル。
相場が迷っている状態を示す

リバーサル・ハイとロー

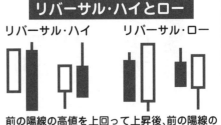

リバーサル・ハイ　　リバーサル・ロー

前の陽線の高値を上回って上昇後、前の陽線の
始値を割り込んで終わるリバーサル・ハイは
弱気シグナル。リバーサル・ローはその反対

シグナル。逆に大底圏で大陰線を全て打ち消すような大陽線が出
たら強い反転上昇のシグナル

● 2本のローソク足の2本目が1本目の値動きを完全に打ち消して
いる形。「包み足」や「抱き足」と呼ばれる

　小陰線→大陽線、小陽線→大陰線というパターンもあれば、さら
に極端になった大陰線→大々陽線、大陽線→大々陰線という、より
強い反転シグナルもあります。

● 1本目のローソク足の値幅の中に2本目のローソク足が完全に包
まれる形。「はらみ足」と呼ばれる組み合わせで、相場が迷って
いるシグナル

● ローソク足から値動きの強弱を読み取る分析法を欧米では「プラ
イスアクション」と呼ぶ

　1本前のローソク足の高値を超えたものの、結局、前の足の始値

を下回る値動きは「リバーサル・ハイ」(弱気リバーサル)と言います。

　形状としては、図2-13に示したように包み足に近いパターンもあれば、2本目の陰線が非常に長い上ヒゲを伸ばして下落するケースもあります。

　逆に「リバーサル・ロー」(強気リバーサル)は、1本前の足の安値を下回ったものの、そこから急上昇して前の足の始値を超えて終わる値動きです。強い上昇シグナルになります。

FXシグナル	ローソク足の ライン突き抜け	»	重要度	★★★☆☆
			頻出度	★★★★☆
			エントリー根拠	★★☆☆☆
			精度	★★★☆☆

　ローソク足自体は設定された、ある一定期間の値動きを示しているだけですから、1本だけ見てもトレンドは分かりません。

　ただ、ローソク足1本の勢いが非常に重要になる瞬間があります。それが、これまで見て来た**相場のサポートやレジスタンスとなるラインをローソク足がどんな形で抜けるか**です。

　基本的な状況判断は、

●**今まで見て来たサポートやレジスタンスのラインを大陽線で勢いよく飛び超えたら上昇の確率が高く、大陰線で勢いよく割り込んだら下落の確率が高い**

　といったもの。ローソク足が、重要なサポートレジスタンスラインや移動平均線をどのように抜けるか、抜けないで止まるか、ほぼ跳ね返された形で終わるか、その**「抜け方、止まり方、跳ね返され方」**も注意して見てください。

　図2-14の右側のように、同じレジスタンスラインを上に抜ける時も、大陽線で抜けて次の足も陽線の時もあれば、小陽線でまたぐ、抜けたものの失速して上ヒゲの長い陰線でまた割り込む時もありま

図2-14　ローソク足のサポートライン、レジスタンスライン割れ・抜けの判断

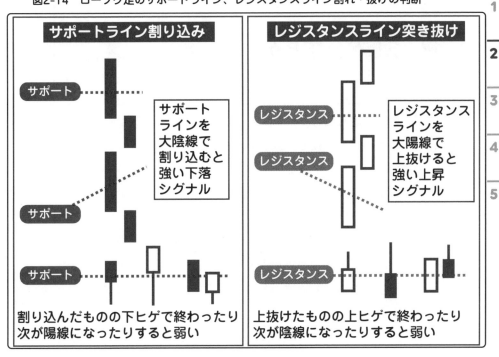

す。大陽線で抜けたものの勢いが継続せず、次のローソク足が陰線や上ヒゲの長い陽線で終わってしまうパターンもあります。

　大陽線で抜けて陰線でラインにタッチして次の大陽線で再び大きく上昇するパターンもあります。これは**3本のローソク足でサポートレジスタンスラインにリバースタッチ**した値動きになります。

　このようにサポートやレジスタンスとなる**ライン上でローソク足がどんな動きをするか**がポイントです。

　例えば、今まで抜けなかった固いラインをローソク足が大きな形状で、勢いよく抜けて確定した場合、ブレイクした方向に行きやすくなります。その**次の足**をよく観察してエントリーのヒントにして行きます。

上ヒゲ、下ヒゲ

重要度	★★★★☆
頻出度	★★★☆☆
エントリー根拠	★★★★☆
精度	★★★☆☆

「天井圏に出現したローソク足の上ヒゲをいち早くショートで狩り獲って、その後の下げで利益を上げる」。これが私の好きな形です。

天井圏の長い上ヒゲは上昇力が衰退した強い前兆シグナル、大底圏の長い下ヒゲは下落が止まって反転上昇する予兆シグナルになります。

「上ヒゲ」は上に長い線が伸びたローソク足です。

このヒゲの長さ次第ではかなり強いシグナルになります。5分足レベルの小さなものだとまたひっくり返る場合もあります（**「フェイクヒゲ」**。長めの上下のヒゲが交互に出ることで効力ゼロに）。

1時間足、4時間足などで出た、長いヒゲは上下どちら側に出ていても必ずチェックしておいてください。

上ヒゲが出来上がる前にローソク足がどんな動きをしていたか、きちんとイメージ出来ていると、より一層、**「天井圏における上ヒゲの重要性」**が理解できます。

図2-15の上段で示したように、上ヒゲが出来るためには最初、前のローソク足の終値からレートが勢いよく上昇している必要があります。①の時点ではまだ高値圏で陽線が連発しているだけですから、非常に強い上げの状況です。

そこからショーターの頑張りや、上昇で含み益が出たロンガーの利益確定によって、**それまでの上昇分を全て帳消しにするほど下落**します。ローソク足は、その時点（②）で、長い上ヒゲだけがあって、ほぼ実体のない形に変化。

レートが上昇し尽くしたサインです。

ただし、まだ前の終値で踏みとどまっているわけですから、ここ

図2-15　上ヒゲ・下ヒゲが確定するまでのローソク足の変化

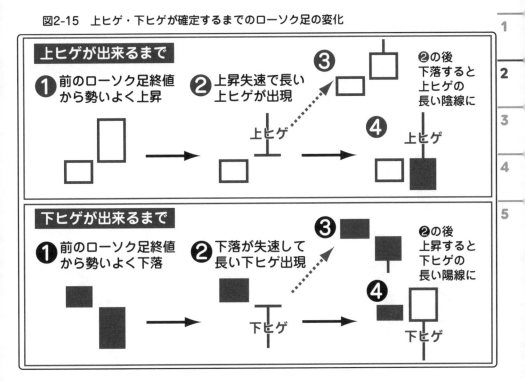

から上昇すれば上ヒゲの長い陽線（③）で終わります。

　しかし、④のように、さらに大きく下落して、上ヒゲが非常に長く、しかも実体部分が前の日の始値も下回った**上ヒゲ陰線**で終わったら、**ロンガーが利益確定に走り、新規のショーターが猛烈に頑張っている**ことが分かります。

「凄く長い」と目につくような上ヒゲの、実体にならなかったヒゲ部分、ただの線になって終わってしまった部分は、「これ以上は上げさせない。ここは落とす」と頑張ったショーターと高値ブレイクを望むロンガーの攻防の痕跡です。

　決着を見届けて、ヒゲ確定後の**次の足次第**でエントリーを検討して行きましょう。

　長い上ヒゲのあるローソク足が出現した後、次の足でその上ヒゲ

を上回る陽線が出るケースもあります。これは逆に今見た上ヒゲ逆転ドラマを見事克服して、次の足で盛り返したわけですから、強い上昇シグナルになります。

また、長い上ヒゲ陰線の次に、今度は長い下ヒゲ陽線が出るようなケースは相場が乱高下しながら、どちらに行くか迷っている状況です。

上ヒゲや下ヒゲが連続した後は、上ヒゲの頂点を超えて上昇すればロング、下ヒゲの先端を割り込んで下落したらショートのチャンスになります。ただ、こういった「気迷い相場」は難しいので、相場が分かりやすくなるまで待って良いと思います。

FXシグナル	サボテンショート (SS)		重要度	★★★★☆
		≫	頻出度	★★☆☆☆
			エントリー根拠	★★★☆☆
			精度	★★★★☆

上ヒゲが連続して出るケースもあります。これは上値のレジスタンス突破に何度も挑戦して失敗していることを意味します。

天井圏や途中の戻しの場面で「上ヒゲが3本くらい出て、緩やかなカーブを描く形状」を「**サボテン**」みたいだなと思っていて、カーブの右肩くらいからショートで入ることを「**サボテンショート (SS)**」（リオン語）と呼んでいます（図2-16）。

逆に、上昇がピークをつけそうな天井圏で、**長い下ヒゲのあるローソク足が出現するケース**もあります。

ショーターは何度も上がり過ぎた天井圏からの下げを狙った。でも、それを上回る買いが入って、上がって行ってしまうと思ったら、また売りが入って下げる。でも否定されて結局、下ヒゲになる。

以上のような値動きの軌跡ですね。

その後、下ヒゲ部分を超えて下落すると、下ヒゲ近辺で買ったロ

図2-16　サボテンショート（SS）とは？

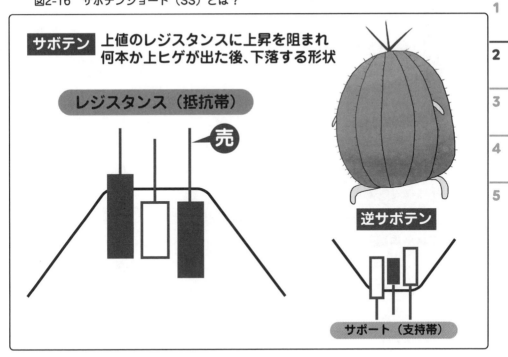

ンガーのポジションは全て含み損に変わるので、その**投げ売りで下落が加速**します。

　このようにローソク足1本1本、ヒゲ1本1本にもドラマがあり、投資家の駆け引きや心理の変化があります。

　私は、天井圏での上ヒゲトライが好きで勝率も高いのですが、逆に大底圏の下ヒゲハントでロングトレードしても、同じようにリオン式ロジックを使って頂けると思います。

　ただ、慣れないうちは天井圏か大底圏か、「こっちのほうがより好きだ」と思える、どちらか一方から始めてみてください。そのほうが格段に早く勝てるようになるはずです。

FXシグナル	重要度 ★★★★☆
	頻出度 ★★★★★
移動平均線 》	エントリー根拠 ★★☆☆☆
	精度 ★★★☆☆

　「移動平均線」は、期間を設定して、その期間内のレートの平均値を計算し、その平均値を結んで線にしたものです。英語では「Moving Average」と書くので、一般的に**「MA（エムエー）」**と呼ばれています。

　単純に**「期間中の終値の合計÷期間数」**で計算したものは**「単純移動平均線」**と言います。英語では「Simple Moving Average」。その頭文字をとって**「SMA（エスエムエー）」**と呼ばれます。

　本書でもこれ以降、移動平均線はMA、単純移動平均線はSMAと略して表記します。

　日足チャートの場合、**5SMA**といえば「5日間のレートの終値の合計÷5」で計算した平均値を次々結んで行った線になります。

　20SMAといえば、20日間のレートの終値の平均値を結んだ線です。

　私が取引のタイミングを計るのは5分足チャート。5分足チャートの20SMAは、現在のローソク足から数えて20本分のローソク足の終値の平均値を結んだ線になります。5分×20本分ですから**100分間のレート**の移動平均になります。

　リオン式ゾーントレードで使う最も期間の短いMAは20SMAです。より詳しい解説は第3章に譲るとして、ここではMAの見方やMAを使って実際のトレードを行うための基本的な考え方について解説します。

　ローソク足だけを見ていると、時に大陽線や大陰線が出現したかと思うと、ヒゲの長い足が連続したり、陽線・陰線が交互に出たり、

ひとつひとつの動きが不規則で、値動きの全体像を見失いかねません。

　それを回避するひとつの方法は、ローソク足の高値同士、安値同士を線で結ぶトレンドラインです。トレンドラインを引いて、そのラインからローソク足がはみ出ないように全体を囲い込むことで、値動きの方向性や角度（勢い）が分かります。

　MAもトレンドライン同様、レートの**平均的な方向性や勢い**を読み取るために使います。

　MAは、色々なパターンで描かれて行きますから、視覚的にも相場の流れが掴みやすいと思います。

　複数の期間のMAを表示することで、**短期MAと長期MAの並び**（位置関係）からもトレンドの変化や勢いを、より複合的に判断できます。

　ローソク足（レート）自体とMAの位置関係からもトレンドや勢いを判断できるので、さらにトレードの判断材料を増やして行けます。

●**傾き**

●**短期・長期MAの並び**

●**レートとの位置関係**

　これらをMAから読み取ってエントリー根拠を固めて行きます（次ページの**図2-17**）。

FXシグナル	移動平均線の傾き　　》	重要度	★★★☆☆
		頻出度	★★★★★
		エントリー根拠	★★☆☆☆
		精度	★★★☆☆

　MAはレートの平均値なので、MAが右肩上がりということはその期間中、レートの平均値がどんどん高くなって上昇している状態を表しています。

図2-17　移動平均線（MA）の3つのポイント

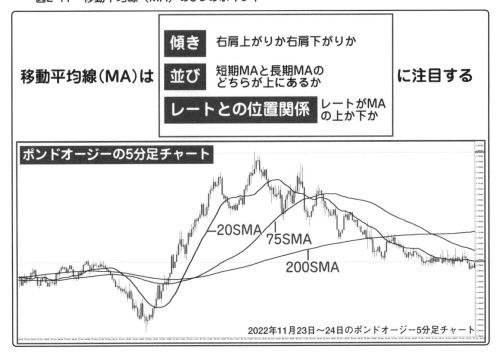

● MAが右肩上がりなら上昇トレンド

● MAが右肩下がりなら下降トレンド

● MAが横ばいならトレンドのないレンジ相場

　MAの向きでまずトレンドの方向を把握して、傾きが急ならトレンドの勢いが強い、緩やかなら弱いと、**傾きの角度**から値動きの勢いを判断します。

　MAの傾きを見れば、トレンドの状態を視覚的に判断しやすいんですね。

　PCならカラーチャートもきれいですし、特に色の決まりはありません。ご自分で、どのMAを何色にするか、MT4のベースカラーを変更して、見やすい、覚えやすい色を選ぶのも楽しい作業かと思います。これから毎日、何年も見るものですから。

FXシグナル	**移動平均線の並び** 》	重要度 ★★★☆☆ 頻出度 ★★★★★ エントリー根拠 ★☆☆☆☆ 精度 ★★★☆☆

　平均値というのは期間が短いものほど、現在のレートの影響を受けやすくなります。

　20SMAと75SMAなら、期間の短い20SMAのほうが現在のレートの動きにいち早く反応して、その値動きを追いかけるスピードも速くなります。

　そのため、期間の異なるMAを複数表示すると、その**並びの変化からもトレンドや勢いの状況を判断できる**のです。

　リオン式は5分足チャートが執行時間足で、20SMA、75SMA、200SMAという、主に3つの期間のMAを使います。基本的な見方としては次のようになります。

●**上昇トレンドならMAの並びは上から順に20>75>200**

●**下降トレンドならMAの並びは上から順に200>75>20**

　レート（ローソク足）が一番上にあって、その下で期間の短い20SMAがレートを追いかけ、20SMAの下に75SMA、75SMAの下に200SMAが位置している状態が上昇トレンド。その逆が下降トレンドです。

　日々、MAとローソク足をセットで見続けて行くと、MAの並びや傾きから「今、レートはこういう状況なんだ」と分かって来るようになります。

　そこで、文字だけで20SMAと75SMAの状態を説明して、その時のレートの位置やトレンド、勢いがイメージ出来るかどうか、**ドリル**を作ってみました。

　20SMAと75SMAが以下のような並びと傾きにある時、ローソク足はどこにあって、現在はどんな状況にあるかをイメージしてみて

ください。

ドリル①…右肩上がりの20SMAが、その下の75SMAからどんどん
　　　　　離れて上昇。

ドリル②…20SMAが、右肩上がりの75SMAの上で下落している。

ドリル③…右肩上がりの75SMAを20SMAが上から下に抜けた後、
　　　　　上昇に転じている。

ドリル④…右肩下がりの75SMAを20SMAが上に抜けた後、また割
　　　　　り込んだ。

ドリル⑤…右肩下がりの75SMAの下で20SMAが上向きに転じた。

ドリル⑥…右肩下がりの75SMAの下で、いったん上向きに転換し
　　　　　た20SMAが再度下向きになった。

　それぞれのレートの位置と、その時の状況についての解説は**図
2-18**のようになります。

ドリル①の答え…レートの上昇が勢い良く続いている。

ドリル②の答え…上昇トレンドが小休止している（「押し目」と呼
　　　　　　　ばれる）。

ドリル③の答え…ドリル②よりさらに下落して、レートが75SMA
　　　　　　　を下抜けた後に反転上昇。

ドリル④の答え…下降トレンド継続中にいったん大きく上昇して
　　　　　　　75SMAを上抜けたものの再度下落。

ドリル⑤の答え…下降トレンドが小休止して、レートが一時的に反
　　　　　　　転上昇中（「戻り」や「戻り目」と呼ぶ）。

ドリル⑥の答え…下降トレンドの中でいったんレートが上昇したも
　　　　　　　のの、再度下降トレンドが加速。

　このように期間の違うMAの傾きや並びの変化だけでも、レート
の現在の位置や値動きの状況が分かります。

図2-18　移動平均線ドリル①から⑥の答え

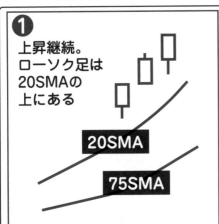

❶
上昇継続。
ローソク足は
20SMAの
上にある

20SMA

75SMA

❷
20SMA

75SMA

上昇が小休止して
押し目を作っている。
ローソク足は20SMAの下

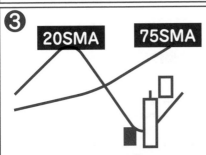

❸
20SMA　　75SMA

上昇トレンド中に下落した後、
上昇に転じている。
ローソク足は20SMAを上抜け

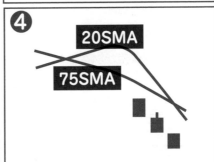

❹
20SMA
75SMA

下降トレンドの一時的な
反転上昇が終わり下落が加速。
ローソク足は20SMAの下に

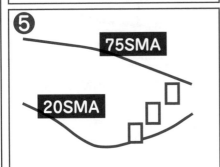

❺
75SMA

20SMA

下降トレンドから
反転上昇に転じている。
ローソク足は20SMAの上

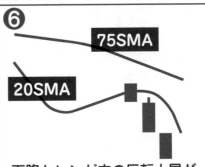

❻
75SMA

20SMA

下降トレンド中の反転上昇が
続かず、再度、下落。
ローソク足は20SMAを下抜け

　私がMAを使うのは**ローソク足とMAの位置関係を見るため**です。

　ごく稀に、MAのみでトレードする方もいるようですが、私がMAの傾きや並びで相場の状況を判断した上で見ているのは、ローソク足が上や下にあるMAにタッチして弾かれたり、逆に上にあったMAを超えて上昇したり、下にあったMAを割り込んで下落したりする動きです。

　基本的な考え方は、

● **ローソク足がMAを上抜けたら上方向優勢**

図2-19　ローソク足のMAタッチ、超え、割れの基本的な見方

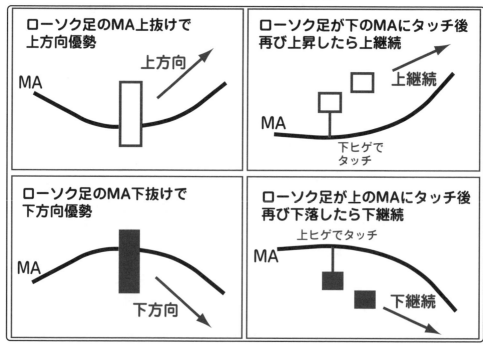

●ローソク足が下にあるMAにタッチして再上昇したら上継続

●ローソク足がMAを下に割り込んだら下方向優勢

●ローソク足が上にあるMAにタッチして再び下落したら下継続

となります（図2-19）。今、上と下どちらの方向が優勢なのかを見ています。ただ、私の場合はMAのみで判断してエントリーすることはありません。

ローソク足のタッチ、超え、割れが発生した時の**MAの傾きも大切**です。

例えば、「ローソク足がMAを上抜けたら流れは上」と考えるのが基本ですが、その時のMAの傾きが下向きの場合は一時的に下向きのMAを突破して上昇しても、再び下降トレンドに戻る可能性が高いので、エントリー根拠にはしにくいかなと思います。

MAを使ったエントリー判断としてはMAの傾きまで考慮した**「グランビルの法則」**がとても有名です。次ページの**図2-20**に示したので参考にしてください。

これまで見て来たように、単独の高値・安値ライン、高値・安値がたくさん集まったライン、キリの良いレート、トレンドラインなどの**サポート、レジスタンス**、そして、そのサポート、レジスタンスに対する**ローソク足の反応**を見ることが大切です。

MAも水平線や傾きのあるトレンドラインと同様に、値動きに対するサポートやレジスタンスになります。

また、MAはある一定期間のレートの平均値です。

そのため、レートには**平均値であるMAに近づこう、近づこうとする磁力**が働いています。

その磁力を跳ね返して、レートがMAの上で上昇するのは、これまでの平均値を上回るほど上昇の勢いが強いことを意味しています。例えば、ローソク足がいったんMAにタッチして反転上昇すれば、上昇の勢いが復活したことになります。

図2-20　ローソク足とMAを使ったトレード戦略　「グランビルの法則」

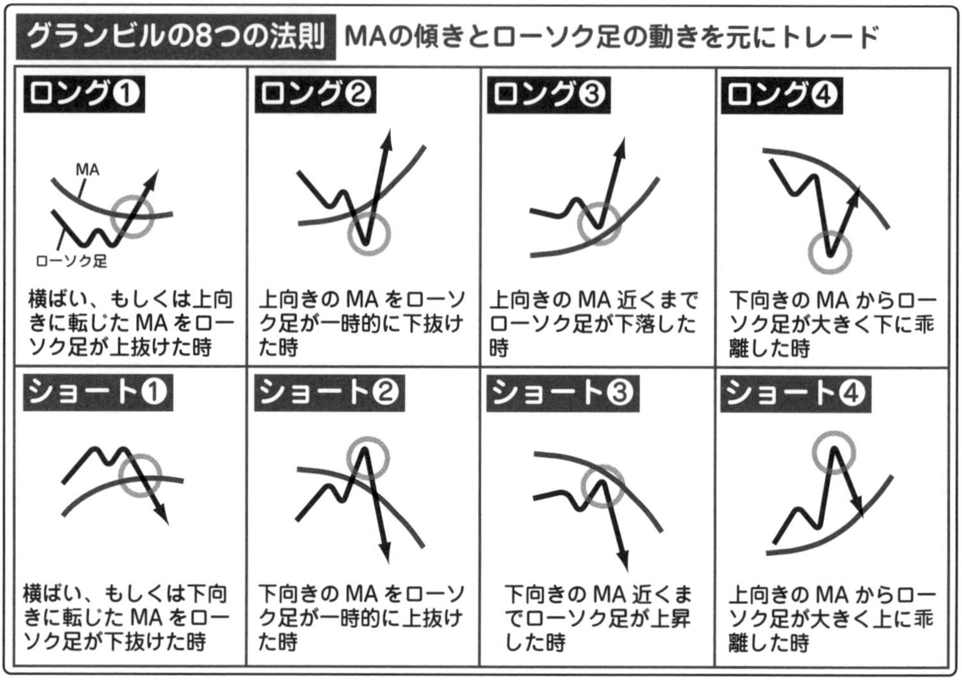

グランビルの8つの法則 MAの傾きとローソク足の動きを元にトレード

ロング①	ロング②	ロング③	ロング④
横ばい、もしくは上向きに転じた MA をローソク足が上抜けた時	上向きの MA をローソク足が一時的に下抜けた時	上向きの MA 近くまでローソク足が下落した時	下向きの MA からローソク足が大きく下に乖離した時
ショート①	ショート②	ショート③	ショート④
横ばい、もしくは下向きに転じた MA をローソク足が下抜けた時	下向きの MA をローソク足が一時的に上抜けた時	下向きの MA 近くまでローソク足が上昇した時	上向きの MA からローソク足が大きく上に乖離した時

　逆にレートがMAを上から下に割り込む場合は、**平均値以上だったレートが失速して、平均値以下になる**わけですから、レートに勢いがなくなったということになります。

　MAのみを見てエントリーはしませんが、エントリーした後、相場がどのように変化して行くのかを測るのに活躍してくれます。

　MAのおかげで早めに逃げる、強気でホールドする、という判断が出来ますし、私にとってはMAもなくてはならない大事なツールです。

　ただし、高値や安値は、過去のチャートを確認すれば簡単に把握できますし、誰が見てもその位置に大きな差はありません。

　その点、MAは、**平均値をとる設定期間が違う**と、MA自体の曲線の形も位置も変化しますので、**20SMAと40SMAを見ている人**で

は同じ値動きでも変わって見えてしまいます。

　そのため、**多くの投資家がチャート上に表示しているであろうMA**を選んで表示させています。

　第3章で紹介する「Rionチャート」で表示しているSMAの期間は**20、75、200、240**（5分足チャートの240SMAは1時間足チャートの20SMAと同じ値になります）。

　何度か試行錯誤して、「自分が使いやすい、効いている」と思えるものがこちらでした。

　MAはその時々のチャートで「**効いている期間**（どの期間のMAや上位足MAがサポート、レジスタンスとしてよく機能しているか）」がかなり違います。

　MAが効くか効かないかは、そのMAを参考にしている投資家の数の多さによって決まるので、毎回、同じものが主役になるわけでもありません。

　「20〜25」「50〜75」などの間で考えて頂いて、自分が気持ち良くて覚えやすい数値に設定して問題はないかと思います。

　100や200という期間は多くの投資家が注目している、という理由で表示させているトレーダーが多いようです。

　私が200SMAを表示させているのも同じ理由です。

　ただし、あまりにこだわり過ぎると、答えのない沼にはまります。

　20でも21でも、50でも75でも、5分足レベルの小さな世界ではさほど大きな影響はありませんし、先ほども言いましたが、意識される時もされない時もあります。FX会社で微妙に違う位置になってしまいますし……（終値の平均値が違うからです）。

　私が20を重要視しているのは、FX会社などで「20営業日」が一区切りとしてカウントされることが多いからです。

　実際、勝っているトレーダーさんのMAの数値は実に様々です。MAはあくまで補助ですので、「大体で良い」くらいに考えておきましょう。「全く決められない」という方は最初、私と同じ設定で

始めてみてください。

FXシグナル	**上位足移動平均線 タッチ、割れ、超え** 》	重要度　★★★★★ 頻出度　★★☆☆☆ エントリー根拠　★★★★★ 精度　★★★★☆

　大きな時間軸で、今、レートがどんな状況にあるか、時間の枠を広げて「認識」する分析法を「マルチタイムフレーム分析（Multiple Time Frame：略して**MTF分析**）」や「環境認識」と呼びます。

　MT4ならインジケーターを使うことで、5分足チャート上に、より時間軸の長い**上位足チャートのMA**を表示できます。

　標準搭載されていませんが、上位足MAを表示できる無料・有料のインジケーターをネットから入手できます。

　通常、チャートの時間足を変えた場合は、いっしょにMAもその時間足で期間設定したMAになってしまいます。例えば、5分足チャートを1分足にした場合、20SMAは「1分足にとっての20SMA（20分間の終値の平均値）」になります。

　MTFインジケーターを使用することで、チャートの時間軸を何に変えても、常に同じ位置に表示されるようになります。

　私のRionチャートをはじめ、上位足MAを表示したチャートには、カクカクと階段のような段差のあるラインが出現します。

　これがMTFで表示させた上位足のMAで、Rionチャートの場合は週足＝グレー、日足＝クリムゾンレッド、4時間足＝オレンジで、それぞれの20SMA（真ん中＝ミドル）が表示されます。

　YouTube動画でも私は「ミドル」と表現していますが、「各時間軸における、現状の相場全体の大体の中間ライン」と思ってください。

5分足チャートに4時間足の20SMAを表示した場合、4時間足のMAの平均値が更新されるのは4時間に1回。「4時間×60分÷5＝48」なので、5分足チャートのローソク足48本ごとに1回、MAの値が変化します。

図2-21はポンドオージーの1時間足チャートに4時間足、日足、週足の**上位足20SMA**を表示したものです。

1時間足チャート上に、日足、週足といった、大きな時間軸の20SMAが集結して、同一画面に登場するのは稀なことで、この集束が見られる時には大きな転換が起こる可能性があります。

図2-21をよく見ると、1時間足の値動きが日足の20SMAで下げ止まったり（①）、週足の20SMAに跳ね返されたり（②）、**とても効いている**ことが分かります。

通常、どの通貨ペアも、5分足チャートを見てトレードしている

図2-21　上位足MAに対するローソク足の反応を元に値動きを読む

2022年6月20日〜28日のポンドオージー1時間足チャート

投資家より、日足や週足を見てトレードしている投資家のほうが圧倒的に多くなります。

　上位足MAは値動きを反転させてしまう時もあり、MA付近でローソク足を引き留めて、長いレンジを作ることもあります。

　もし、何もなかったかのようにするっと通過するのなら、今までのトレンド方向が継続で、勢いはかなり強いことになります。

　このように、上位足MAに対する**ローソク足のタッチ、割れ、超え**をよく見てください。第3章で紹介するリオン式ゾーントレードでは、1時間足、4時間足、日足、週足の20SMAを5分足チャート上に表示します。5分足チャート上に、**日足や週足の20SMAが登場する頻度は少ない**ですが、日足MAも週足MAもとても重要なサポートライン、レジスタンスラインになります。

FXシグナル	移動平均線の 集束&拡散	重要度	★★★★★
		頻出度	★☆☆☆☆
		エントリー根拠	★★★★☆
		精度	★★★★☆

　MAを使った値動き予測で、初心者の方にも非常に分かりやすいのが、**短期・長期MAが狭い価格帯に集まった後、パッと上か下に離れて拡散して行く動き**です。

　MAはレートの平均値ですから、レートが上や下に勢いよく動いている時は、期間の短いMAが期間の長いMAからどんどん離れて行く動きが加速します。

　一方、レートの勢いが鈍って同じ価格帯にいる時間が長くなれば、**短期と長期の平均値も近づいてくる**ため、両者は接近して来るようになります。

　MA同士の間隔の集束・拡散は**トレンドの勢いの加速・失速を見抜くための判断材料**となります。

　例えば、**図2-22**はポンドオージーの5分足チャートに20、75、

図2-22　MA、上位足MAの集束・拡散の実践例

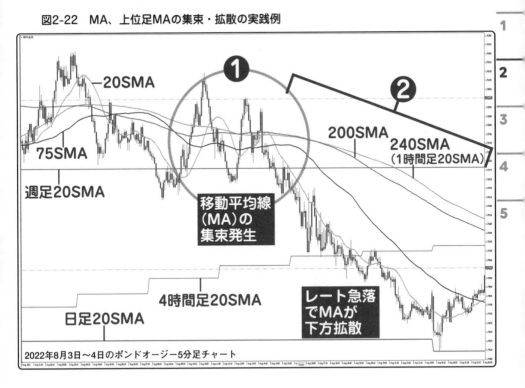

2022年8月3日〜4日のポンドオージー5分足チャート

200、240SMA（＝1時間足チャートの20SMA）などを表示したものです。

図2-22の中央あたりでレートが横ばいで乱高下している**①のゾーン内のMA同士の距離**に注目してください。**非常に狭い値幅内に**20、75、200、240SMAが集結。この状況がMAの集束です。

平均値をとる期間が違うMAが1か所に集まるのは、値動きが横ばいで長く推移し続けることで起こります。

その状態から②のゾーンでレートが大きく急落。**MAもその動きに合わせて拡散**しています。

このMA拡散の動きに合わせてショートすれば、急落を利益に変えることが出来ます。

このことが分かっていると、長短MAが横ばいで推移して狭い価格帯に密集し始めたら**「この後、MAが拡散するような大きな動き**

が起こるのではないか」とあらかじめ構えておくことが出来ます。

　MAの集束と拡散は分かりやすいエントリーチャンスになります。ただ、この「MAの束を抜けるか、束と絡み合ったままか、束の上に乗ってしまうか」の判断を間違えると、最悪の事態になることもありますので、早過ぎるエントリーはしないようにしてください。特に、そこに大きな時間足のMAも位置しているような時は要注意です。

FXシグナル	チャートパターン	>>	重要度	★★★★☆
			頻出度	★★☆☆☆
			エントリー根拠	★★★★☆
			精度	★★★☆☆

　「チャートパターン」は「フォーメーション分析」とも呼ばれ、値動きが全体として示す形状に注目して、相場の天井圏・大底圏やトレンドの加速を読み取る分析方法です。

　チャートパターンには相場の天井圏・大底圏によく出る「天底タイプ」とトレンドの途中に出る「中段保ち合いタイプ」があります。

　ショーターの私が主に探すのは相場が天井を打った時に出現しやすい値動きの形状です。

　そのパターンには、高値を2度つけて下落に転じる「ダブルトップ」、高値を3度つけてから下落する「トリプルトップ」、トリプルトップの中でも2度目の高値が最も高い「ヘッド＆ショルダー」（日本では「三尊天井」と呼びます）があります。

　逆に大底圏に出現して相場反転のシグナルになるのが「ダブルボトム」「トリプルボトム」「逆ヘッド＆ショルダー」（日本では「逆三尊」とも呼ばれます）です（図2-23）。

　ダブルトップやトリプルトップが完成するのは、2度、3度と天井を打つ過程で出来た安値を割り込んだ時です。その安値は「ネックライン」と呼ばれます。

　エントリー前には、チャートの全体像が分かるように表示時間を拡大して、天井圏や大底圏でどんな値動きの形になっているかを確かめてみてください。

　次ページの**図2-24**はかなり短時間のポンドオージーの5分足チャートの値動きですが、**高値圏でダブルトップ、安値圏でダブルボトムが出現**しています。

　図の①のポイントのようにダブルトップの形になったものの、中間安値を割り込まず完成しないこともあります。また②のようにダブルトップ形成後にネックラインをいったん割り込んだものの、そこからしばらく横ばいが続くこともあります。

　しかし、③のダブルボトムはちょうど**ネックラインの高値超えが4時間足20SMA超えと重なった**こともあり、非常にきれいな形で上昇しています。

図2-23　天井・大底圏に出現するチャートパターン

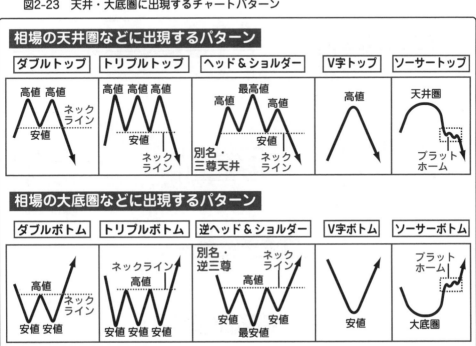

この図でも分かるように、例えばダブルトップ形成時のショート
エントリーのポイントは、

- **高値を2度つけて下落し始めたところ**（ダブルトップをつけたも
  のの、完成はしていない状態）
- **ネックラインを割り込んでダブルトップが完成したところ**
- **ダブルトップ完成後に再び反転上昇してネックラインにリバース
  タッチ**したところ

の3つになります。

　一方、中段保ち合い型のチャートパターンは、上昇や下落の過程
でいったんレンジ相場が続いた後、トレンド相場が再開する時に発
生する形状に注目するものです。
　図2-25に示したように、

図2-24　チャートパターンを活用したトレードの基本

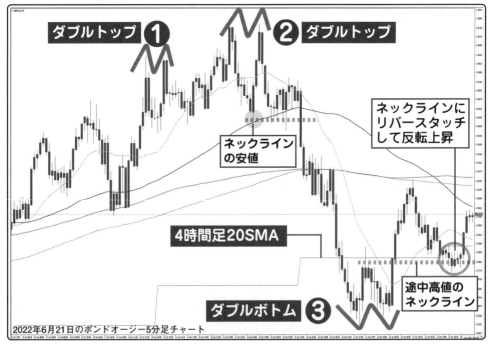

● 「三角保ち合い（英語では「トライアングル」と呼ぶ）」

● 「フラッグ」

● 「ウェッジ」

● 「単純な長方形のレンジ（英語では「レクタングル」と呼ぶ）」

　など様々な形があります。

　下降トレンドの途中で、単純な長方形のレンジ相場が出現した時にショートエントリーのポイントになりうるのは、

●レンジ上限にタッチして下落したポイント

●レンジ下限を割り込んだポイント

●いったん上昇に転じてレンジ下限にリバースタッチしたポイント

　の3つです。

　チャートパターンもMA同様、精度の高いシグナルになります。

　ただし、チャートパターンは「どこでそれが出たか？」が最重

図2-25　トレンド相場の中段保ち合いに出現するチャートパターン（下降トレンドの場合）

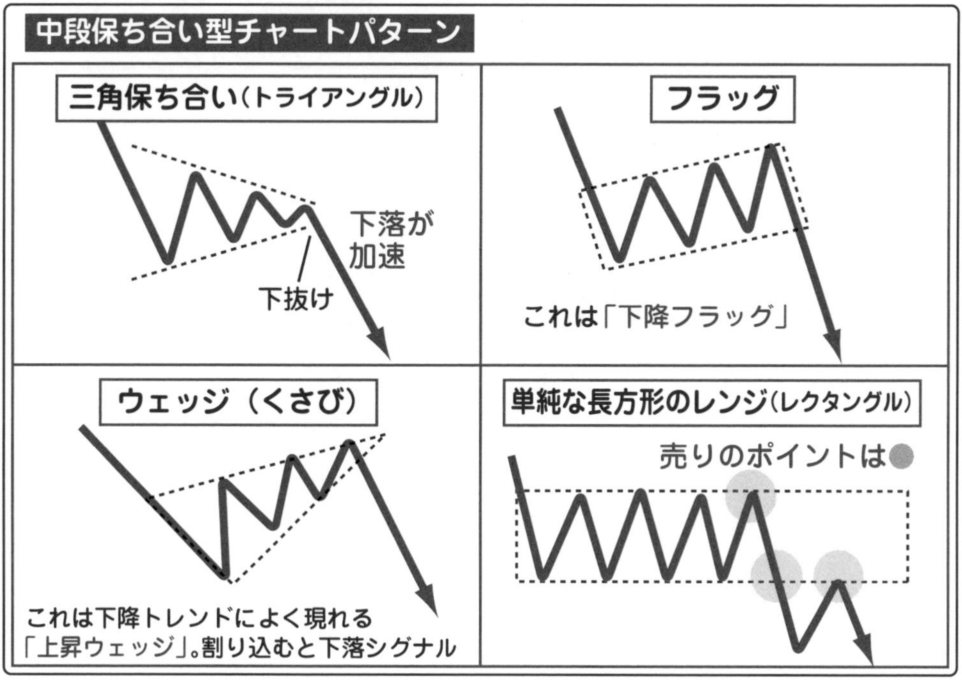

中段保ち合い型チャートパターン

三角保ち合い（トライアングル）
下落が
加速
下抜け

フラッグ
これは「下降フラッグ」

ウェッジ（くさび）
これは下降トレンドによく現れる
「上昇ウェッジ」。割り込むと下落シグナル

単純な長方形のレンジ（レクタングル）
売りのポイントは●

要です。5分足レベルのチャートパターンは単独でエントリー根拠に使わないようにしてください。

　ローソク足のチャートパターンをエントリー根拠にする時は形、完成までの過程、上ヒゲの長いローソク足などがあるかないか、そして上位足チャートから見て**「意味のある場所で出現したか」**を確認して、複合的に判断して行きます。

　現在の私は、出現した位置が「過去に何度も意識された週足レベルでも分かる価格帯」なら、完成前から完成後のイメージを思い描いて、1分足チャートも確認して下げの示唆がある場合には早めに仕掛ける時もあります。ただ、慣れないうちは無理に**超頂点**を狙わないで、5分足で示唆の確定を待ってください。

FXシグナル	複数のシグナルが重なる		重要度	★★★★★
			頻出度	★★★☆☆
		≫	エントリー根拠	★★★★★
			精度	★★★★★

　ここまでFXのチャート分析で見る基本のポイントを紹介して来ました。

　一度に全部を完璧に理解しなくて良いですから、取り組みやすいものから順に取り入れて行ってください。

　ただ、これらのサポートやレジスタンスになる基本アイテムはどれも重要で、実践で必要になって来ます。チャートを見たら、高値・安値ライン、トレンドライン、サポートレジスタンスライン、MAの傾き、並び、レートとの位置関係、集束と拡散、チャートパターンなどのポイントを整理してください。

「何で、こんなところで負けたんだろう？」となるのは何かが抜けている時です。

　そして、実際のエントリーを決める時には、2つ以上の明確な根拠を今、自分で言えるかどうか確認してみてください。

ひとつだけですと弱いので、出来れば2つ、3つくらい「これがあるからエントリー出来ます」と他人にも **プレゼン** が出来るか。

例えば、**図2-26**のポンドオージーの大陰線のaやbでショートエントリーしました。それぞれ根拠として考えられるシグナルが複数ありますが、それらを探してみてください。

答えは次ページの**図2-27**のようになります。

大陰線aで売る根拠としては、

- 高値圏で形成されたレンジ相場の下限を割り込んだ
- 75SMAと4時間足の20SMAを割り込んだ
- トレンドラインAを割り込んだ
- キリ番の1.77豪ドルを割り込んだ
- 上記のポイント全てを大陰線で勢いよく割り込んだ

など、多くの理由が重なっています。

図2-26 トレードに必要な根拠 ショートする理由を考える

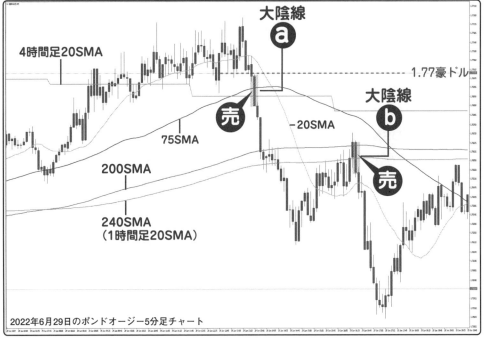

図2-27　ショートトレードする理由として考えられる根拠の例

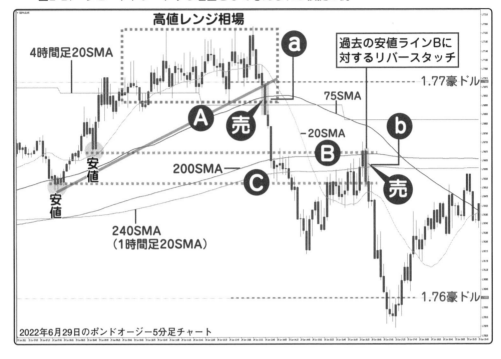

2022年6月29日のポンドオージー5分足チャート

　陰線bでのショートには、

- 前の陽線で長い上ヒゲをつけ、その陽線を完全に打ち消す大陰線が出現した
- 上値の200SMAに跳ね返された
- 240SMAを再度割り込んだ
- 陰線が出たポイントが上昇局面で出来た安値ラインBに対するリバースタッチとなり、サポートレジスタンスライン転換が発生
- さらにその下の安値ラインCも一時割り込みそうになった

といった根拠があります。

　この図の場合は5分足チャート内で確認できるシグナルだけですが、これに**1時間足、4時間足、日足チャートで確認できる高値・安値ライン、サポートレジスタンスライン**も見つけて5分足チャートに表示させて判断して行きます。

必ずエントリー前に上位時間足をもう一度、確認しに行きます。危ないものがそばにあるなら、エントリーは見送ります。

複数のシグナルが重なるのを我慢して待つ。そうして、なるべく負けないポイントでエントリーすることを心がけましょう。

FXシグナル	エグジットポイントの設定	重要度	★★★★★
		頻出度	★★★★★
		エグジット根拠	★★★☆☆
		精度	★★☆☆☆

FX取引は**「エントリーからエグジット」までがワンセット**です。

損切りもそうですが、エントリーする前から**どこで利益確定するかの利確目標**をあらかじめ自分で決めておきます。

利益確定は自分で希望通りにすることは出来ませんが、「ここまでは行くかな？」という目標を設定して、その途中で起きる事態に対処して利確を目指して行きます。

これまで見て来たサポート、レジスタンスは、利益確定の目標にもなります。

例えば、先ほどの5分足チャートの大陰線aやbでショートエントリーした場合、利益確定と損切りのポイントはどこに設定すれば良いでしょうか？

まずは大陰線aでのショートエントリーの利確と損切りポイントの設定から。次ページの**図2-28**のチャートを見てみましょう。大陰線aでショートした場合、損切りポイントとしては、

● **1.77豪ドルのキリ番**

● **その上の20SMA**

あたりに設定します。下落が始まった**高値cまで損切りを引き延ばすのは難しい**かと思います。

この局面では上昇トレンドのトレンドラインやMAを割り込んだところで、下降トレンドへの転換を見越してエントリーしています。

図2-28　大陰線aでのショートエントリーのエグジットポイントを設定

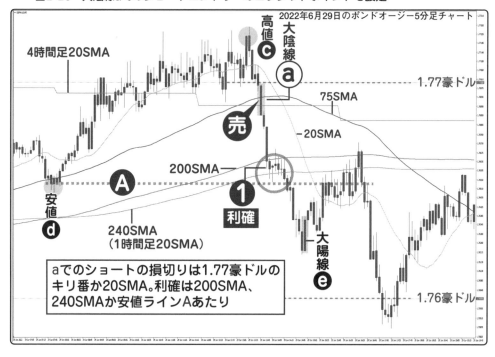

2022年6月29日のポンドオージー5分足チャート

4時間足20SMA

高値
c

大陰線
a

1.77豪ドル

75SMA

売

20SMA

200SMA

200SMA

安値
d

A

1
利確

240SMA
（1時間足20SMA）

大陽線
e

1.76豪ドル

aでのショートの損切りは1.77豪ドルの
キリ番か20SMA。利確は200SMA、
240SMAか安値ラインAあたり

　その場合、再び**上昇トレンドに回帰しそうになった時点**でショートエントリーの根拠が否定されたことになります。

　高値cを超えるのは、上昇トレンドが復活してさらに勢いよく上がって行く状況。それ以前のもっと早い段階で素直に「失敗した」と認めて損切りしてしまいましょう。

　一方、利益確定ポイントは、

● **下値にある200SMA、240SMA**

● **上昇の起点になった安値dから引いた安値ラインA**

あたり。大陰線aが75SMAを割り込んだ時にショートエントリーした場合、そのポイントから20SMAまでは約17pips、下の200SMAまでは約29pips。リスクリワードは約1：2ですので、エントリーの候補位置と考えても大丈夫です。

　実際のエグジットポイントは、240SMAで下げ止まって横ばいが

続いた①のゾーン。

　もし、200SMA、240SMAを割り込んで、ショートしたポイントから約70pipsほど下落したところまで利益確定せずに保有した場合は、eの大陽線で利益確定。その後、安値が切り上がって行ったところでは、確実に利確しておきたいと思います。

　ショートエントリーした後は、

●**新たに出来た安値が前の安値より切り下がっている**

　という「安値の切り下がり」が保有継続条件になります。

　直近につけた安値を切り上げて反転上昇したら上昇トレンドに転換する可能性もあるので、いったんは利確するほうが良いかと思います。逆に**ロングでエントリーした場合は「高値の切り下がり」がエグジットサイン**になります。

　次ページの**図2-29**の大陰線bが240SMAを割り込んだところでショートエントリーした場合の損切りポイントは、前の陽線cの**上ヒゲの先端超え**です。この損切り設定は第3章で見るリオン式の「ヒゲハントショート」でも使うポイントになります。

　その上には、右肩下がりの75SMAがありますが、右肩下がりの75SMAで跳ね返されて再び下落する可能性もありますので、ここはローソク足の動き次第で考えて行きます。

　この図の場合、大陰線bでショートエントリーした後、一方通行の急落が起こったので利確ポイントは下値の1.76豪ドルの下で揉み合った②のゾーンになるでしょう。

　出来れば、**利益2に対して損失1以下の期待値がある位置だと確認できてから**エントリーを検討してください。結果として利益2：損失1にならなかったとしても全くかまいません。

　エントリーよりもエグジットのほうが、さらに正解はありません。全て相場次第。最初の期待値がどうであれ、予定の利確位置やリスクリワード比がどうであれ、**相場の微妙な変化を察知したら少しtoo利益が出ている状態で欲張らずに勝ち逃げに徹します**。

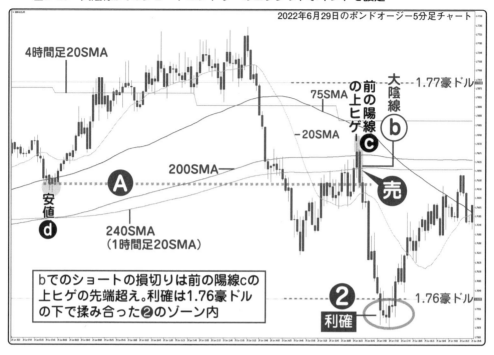

図2-29　大陰線bでのショートエントリーのエグジットポイントを設定

2022年6月29日のポンドオージー5分足チャート

4時間足20SMA

75SMA

―20SMA

200SMA―

240SMA
（1時間足20SMA）

安値
d

A

1.77豪ドル

大陰線
b

前の陽線
cの上ヒゲ

C

売

❷
利確

1.76豪ドル

bでのショートの損切りは前の陽線cの
上ヒゲの先端超え。利確は1.76豪ドル
の下で揉み合った❷のゾーン内

　私も勝ち逃げを重視することで、高い勝率を守り、小さな利益、時には大きな利益を少しずつ積み重ねて、ここまで来ました。

　もう少しロット数を下げて、利益確定の幅をワイドにした余裕のあるトレードのほうが、結果を出せるタイプの方もいます。

　ただし、利益確定は時間的な事情や投資家としての性格や気質などもそうですが、何より相場次第です。

　ここまで行って欲しいと思う私たちの事情は一切考慮されません。

　そのため、どこで利益確定するかは、**探すというよりも「起きた事態に対処する」**ということです。

　一方、**損切りに関しては最初に決めたポイントで必ず切って**ください。特に慣れないうちは、自己判断で損切りを延ばさず、一度、取引を終えましょう。そして、冷静に見直してみても本当にチャンスだと思えるのなら、改めて入り直す形にしましょう。

第 **3** 章

—

なぜ高値圏からの
「ドカン」を
ギガ速でハント
できるのか？

FX Rionチャートは 自前でも似た設定ができる

第3章では本書の核心「リオン式ゾーントレード」について解説していきます。まずは、リオン式に使うRionチャートの構成です。

Rionチャートは実際にトレードする際に使いやすくて、見やすいことを一番に考えて作ったチャートです。

Rionチャートは4本のSMA、3本の上位足SMA、キリ番を示すラインなどで構成されています。

MT4を使えば、ご自分で同じものを設定することも出来ます。標準搭載されているSMAのインジケーターの他、マルチタイムフレーム（MTF）分析に必要な上位足SMAを表示するインジケーター、キリ番を示してくれるインジケーターなどをインターネット上から無料・有料で入手します。

そして、SMAや上位足SMAの期間を、これから紹介するRionチャートの設定に合わせれば、同じチャートを作ることが出来ます。

本書をご購入頂いた方は、右ページのQRコードからLINE登録すると、MT4に実装できる「Rion Chart」をダウンロードするための設定方法が確認できます。手順通りに設定すると、リオンが使っているチャートと同じものをMT4上に表示できます。

もちろん、自前で設定することも可能です。

まずはMT4をネット上からダウンロードすることになりますが、開発元のメタクオーツ社からMT4をダウンロードしようとすると、自動的に「メタトレーダー5（MT5）」という上位バージョンに置き換えられてしまいます。新たにMT4をPCにインストールしてトレードする場合は、MT4を取引ツールに使える国内もしくは海外のFX会社で口座開設してください。そのFX会社が提供してくれるMT4をダウンロード出来ます。ちなみにFX会社によって、その

時々のレートは微妙に違うので、レートを元に描画するSMAや上位足SMAの位置にもズレが生じます。私と同じ値動きやMAの配置を見たい場合は海外FX会社の「AXIORY（アキシオリー）」で口座を開設して、**MT4 PC版**をダウンロードしてください。

　ただし、MT4には上位足SMAやキリ番を表示するインジケーターは標準装備されていません。ネット上に無料・有料のMT4向けインジケーターが多数提供されているので、ご自分でインストールしてください。Rionチャート自体はそれほど複雑なものでは

上のQRコードでLINEの「リオン＠FXism」にアクセスの上、「友だち追加」をクリックするとRionチャートを無料でダウンロードするまでの手続きが記載されているのでご参照ください。なお発行元の出版社、書店は上記サービスや自前の設定に対する問い合わせには回答できません。ご不明な点はsupport@fxism.jp（FXism運営事務局）までメールにてお問い合わせください。また、サービス運営や問い合わせ対応は、予告なく終了することもあります。あらかじめ、ご了承ください。

ないので、自前でも比較的簡単に設定できます。

🅕🅧 RionチャートのMA期間設定は20、75、200、240

　リオンのトレード時間は速い時で30分〜1時間以内、最長で4〜5時間です。実際にトレードを行うのは**5分足チャート**。

　5分間でローソク足1本が次々と生まれる5分足チャートが**「執行時間足」**と呼ばれるチャートになります（次ページの**図3-1**）。

　表示する5分足チャートのSMAは、

- **20本（100分SMA、PCなどで表示されるチャートのカラーではベビーピンク）**
- **75本（375分［6時間15分］SMA　パープル）**
- **200本（1000分［16時間40分］SMA　ディープピンク）**
- **240本（1200分［20時間］SMA　ブルー）**

図3-1　RionチャートのSMA、MTF設定

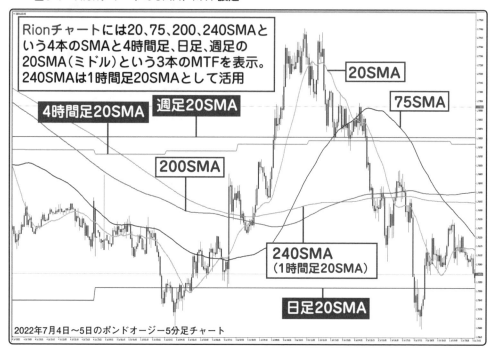

Rionチャートには20、75、200、240SMAという4本のSMAと4時間足、日足、週足の20SMA（ミドル）という3本のMTFを表示。240SMAは1時間足20SMAとして活用

20SMA

75SMA

4時間足20SMA　　週足20SMA

200SMA

240SMA
（1時間足20SMA）

日足20SMA

2022年7月4日〜5日のポンドオージー5分足チャート

🎯 4時間足、日足、週足の20SMAも MTF表示

　Rionチャートには5分足由来の移動平均線の他に、図3-1にも示したように**時間軸の長い上位時間足のSMAも表示**されています。

　週足→日足→4時間足→1時間足と時間軸を落として行って（MT4のデフォルトには入っていますが、私は15分足、30分足チャートは見ません）、現在の値動きが、より大きな時間軸ではどんな方向性や勢いの中で起こっているかを確かめます。

　月初めには月足チャートも確認します。

　マルチタイムフレーム分析は英語の頭文字をとって**「MTF分析」**と呼ばれています。リオン式ゾーントレードでは、5分足チャート

上に、先ほどの4本のSMAに加え、**4時間足、日足、週足の20SMA という3本のMTF**を表示しています。

20SMAはどの時間軸でも中期的なトレンド判断に使える重要な MAの期間で、リオン式では「ミドル」と呼んでいます。

ローソク足が20SMAより上にあれば上昇トレンド、下にあれば 下降トレンド、その境界線にあって、**上昇・下降トレンドを分ける 境目**としての判断に「ミドル」を使います。

●1時間足ミドル（カラーチャートではブルー）

1時間足ミドルに関しては、MTFのインジケーターで表示するの ではなく、5分足チャートの240SMAで代用しています。

1時間足の20SMAは5分足チャートの240SMA（＝5分×240本＝ 1200分＝60分〈1時間〉×20本）になります。

そのため、1時間足ミドルだけは、1時間ごとにしか更新されな いカクカクと段差がある線ではなく、曲線で描画され5分ごとに更 新されていきます。

これに加えてMTFは、

●4時間足ミドル（4時間足20SMA＝80時間移動平均線　オレ ンジ）

●日足ミドル（日足20SMA＝20日移動平均線　クリムゾンレッ ド）

●週足ミドル（週足20SMA＝20週移動平均線　グレー）

の3本です。

この3本は、各上位時間足の設定期間が経過しないと更新されな いので、5分足チャート上ではカクカクと階段状になっています。

こうした上位足ミドルは5分足チャートに現れる時、**強いサポー ト（支持帯）やレジスタンス（抵抗帯）として**機能します。

ある時はローソク足が下がって行く場面で超強力な守護神として 君臨し、下落を阻み、下ヒゲを量産。

ある時は力強くローソク足の頭を抑える傘になって、ショーターを守ってくれます（ここにサボテンや上ヒゲの長いローソク足が重なるとなお良し）。

是非、サポートレジスタンスラインなどといっしょに活用してくださいね。

🅕🅧 1.70、1.71などキリ番も点線表示

Rionチャートでは**「キリ番」**と呼ばれるグレーの点線が、キリの良いレート、100pipsごとに引かれる設定になっています。

私のメイン通貨ペアはポンドオージーで、レートは「1ポンド1.77425豪ドル」というように小数点第5位まで表示されます。

小数点第4位、すなわち0.0001豪ドルが1pipsです。

例えば、1ポンド1.77425豪ドルでポンドオージーをショートして、1.76425で買い戻せば、「1.77425－1.76425＝0.01豪ドル」、すなわち100pipsの下落幅が利益になります。

「キモノトレーダーはラウンドナンバー（キリ番）がお好き」（多分、語尾に［笑］がついている）と揶揄された時代を経て、昔ほど強力ではないですが、ドル円だと1ドル100円、110円、140円、150円といった10円単位の大キリ番がニュースになるほど絶大な影響力を持ちます。普通のキリ番である138円や142円といった1円単位のレートも意識されやすくなります。

ユーロドルやポンドドルなど「1.○○」といった取引単位の場合、**小数点第2位で終わるレートがキリ番です。**ポンドオージーなら、「1.71」「1.78」「1.82」といったレートがキリ番です。

ラウンドナンバーにはグレーの点線が引かれる設定になっていますので、ここが「キリ番ですよ」と教えてくれます。

ラウンドナンバーもSMAやMTF、トレンドラインやサポートレ

ジスタンスライン同様に、レートが反転するサポートや跳ね返されるレジスタンスになりやすく、

「何で、ここで止まったの？　あ、キリ番だったんだ！」

と気づかずに慌てることが過去に結構ありましたので、100pipsごとに線を入れることにしました。

このように**SMA4本（1時間足ミドルを含む）とMTF3本、計7本の移動平均線とキリ番を5分足チャートに表示**して、その傾きや並び、現在のレートとの位置関係を見ることで、トレンドの方向性や値動きの勢いを見て行く。それがリオン式トレードのエントリー前のメソッドです。

🄵🅧 MT4に表示されている時間について

MT4のチャートに表示される時間は**「グリニッジ標準時（GMT）」**を基準に設定されています。グリニッジ標準時はイギリス・ロンドンにあるグリニッジ天文台で観測した太陽を元に算出された国際標準時です。**ロンドン市場の冬時間（毎年10月最終日曜日から3月最終日曜日）**と同じになります。

私が利用している海外FX会社「AXIORY」のMT4では、**ニューヨーク（NY）市場の引け値（終値）がちょうどその日の終わりに**なるよう、チャートの時間が「グリニッジ標準時（GMT）＋3」（米国が夏時間の時）に設定されています。**「GMT＋3」**とは、グリニッジ標準時プラス3時間という意味です。

NY市場がクローズする時間は**「NYC（ニューヨーク・クローズ）」**と呼ばれ、FX市場の1日の区切りと見なされています。**米国が冬時間（11月第1日曜日〜3月第2日曜日）**の時は日本時間のAM7時、**夏時間（サマータイム：3月第2日曜日〜11月第1日曜日）**の時はAM6時がNYCになります。私が利用している海外FX会社

「AXIORY」のMT4チャートでは、このNYCがその翌営業日の「0時」に設定されています。

　そのため、チャート上に表示された時間が示す日本時間は、

● 米国が夏時間の時はチャート上の時間＋6時間

● 米国が冬時間の時はチャート上の時間＋7時間

になります。

　表示時間から日本時間を計算するのが面倒な方は**時計機能があるインジケーター**をMT4に入れて、チャート上に日本時間を表示することも出来ます。私はもう慣れてしまい、かえって混乱するのでそのまま使っています。

　「AXIORY」のMT4上の時間で、リオンが主にトレードするTYO時間の朝7時〜夕方16時は、

● 夏時間の時は1時から10時（6時間を足すと日本時間）

● 冬時間の時は0時から9時（7時間を足すと日本時間）

です。

FX 上位時間足から5分足へのエントリールートマップ

　5分足チャートを見る前に、私が毎朝のルーティンにしているのが、週足、日足、4時間足、1時間足の順番で下位に落としてチャートを見て行く**環境認識**です。

　一番重要視しているのは4時間足で、直近の値動きの傾向やサポート、レジスタンスとなっている**高値・安値、揉み合いゾーン**をまず探します。

　そして、そのサポートやレジスタンスを元に5分足チャートでの売買戦略を練り込んで行く形になります。

　4時間足で見つけられなければ日足、週足、時には月足まで確認します。日に何度も確認して重要なラインが迫っていないかを把握

しておきます。

上位時間のサポートレジスタンスラインは、より強力なので「気づかなかった」では済まされません。

月足などは、見る方も少ないとは思いますが、そこが**月足レベルの重要な節目**と気づかずに安易にポジションを取って大幅に逆行される、利確が遅れて利益が「全消え」、といった事態にならないように1日1回、または週1回でも良いので月足も見て、一番近い安値や高値くらいは把握しておきましょう。

私が一番エントリーの基準に使うことが多い**4時間足は、1日で6本分変化**します。1日の中でも状況が変わって、位置が変動するので何度も戻って、4時間足を確認します。

1時間足のサポートレジスタンスラインは「エントリー根拠としては若干弱い」と思っていますので、**1時間足は主に利確の目安**に使っています。

より精密に見るために、4時間足で見つけた高値を1時間足でも見て、ダブルトップなどのチャートパターンを見つける、という使い方もします。

例えば、次ページの**図3-2**は日本時間2022年10月18日朝6時時点のポンドオージーの1時間足、4時間足、日足チャートを並べたものです。

図を見ると、1時間足のSMAやMTFの傾きが全て右肩上がりであることから**順調な上昇トレンド**が続いていることが分かります。

しかし、1時間足チャートをよく見ると、**直近高値ラインA**をNY時間の開始直後にブレイクしましたが、TYO時間開始直前にはローソク足がそのラインの下まで割り込んでいます。

高値ラインAを超えた大陽線とその直後の大陰線が天井打ちを示唆する**「はらみ足」**になっていて、そこから直近高値ラインの下までずるずると下落。

図3-2 1時間足、4時間足、日足など上位足チャートを使った環境認識

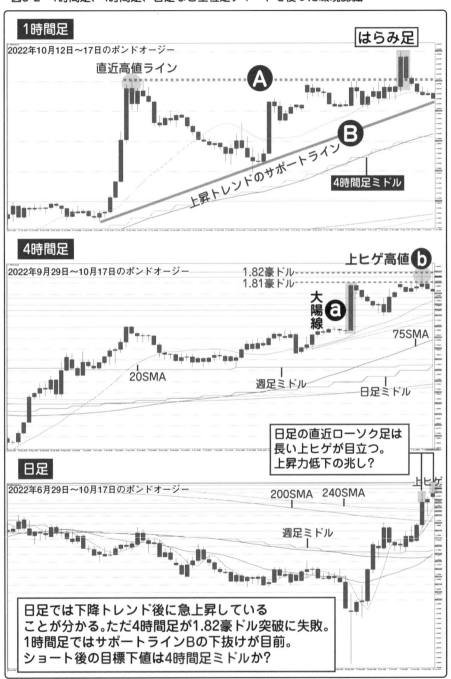

1時間足

2022年10月12日〜17日のポンドオージー

はらみ足

直近高値ライン

Ⓐ

Ⓑ

上昇トレンドのサポートライン

4時間足ミドル

4時間足

2022年9月29日〜10月17日のポンドオージー

上ヒゲ高値 ⓑ

1.82豪ドル

1.81豪ドル

大陽線 ⓐ

75SMA

20SMA

週足ミドル

日足ミドル

日足の直近ローソク足は
長い上ヒゲが目立つ。
上昇力低下の兆し?

日足

2022年6月29日〜10月17日のポンドオージー

200SMA　240SMA

上ヒゲ

週足ミドル

日足では下降トレンド後に急上昇している
ことが分かる。ただ4時間足が1.82豪ドル突破に失敗。
1時間足ではサポートラインBの下抜けが目前。
ショート後の目標下値は4時間足ミドルか?

　直近の上昇局面でつけた安値同士を結んだ**サポートラインBを下に割り込み**そうになっています。

　4時間足に目を移すと、SMAが全て右肩上がりで、20SMA＞75SMA＞日足ミドルの順に並んでいることから、上昇トレンドが継続中です。

　長らく横ばい相場が続いた後には、大陽線aが出現して急騰しています。

　ただ、その後の上ヒゲ高値bで1.82（豪ドル、以下略します）ラインにタッチしたものの、結局、1.81を割り込んで終わっています。

　この上ヒゲの長い陽線bが、先ほどの1時間足で見た「陰のはらみ足」を含む値動きになります。**1.81ラインが上昇を抑えるレジスタンス**になっている、と考えることが出来そうです。このまま1.81ラインを上抜け出来ない状況でTYO時間が始まりそうですので、ショートエントリーのチャンスが来るかも、という見方が出来ます。

　よりワイドな日足を見ると、ポンドオージーは最先端の3日間で**200SMA、240SMAをようやく上抜けた**ばかり。まだ200SMA、240SMAは右肩下がりです。

　ここ15日間ほど（日足ローソク15本分）はかなり急ピッチに反転上昇してきたものの、日足の直近ローソク足3本のうち2本は長い上ヒゲをつけて終わっています。

　これは上昇力低下の兆しと考えることが出来るでしょう。

　以上、1時間足、4時間足、日足を見た上での環境認識は、下降トレンドからの急速な戻しが続いたものの、1.81〜1.82ラインを抜け切れず反転上昇の勢いが失速している、ということ。

- ●上昇が続いて来たが、高値更新が出来ていない

- ●**上位時間足での環境認識後のTYO時間で、下値に迫った1時間足のサポートラインBを割り込んで下げる可能性がありそう**

● 当面の下値目標は1時間足に表示した4時間足ミドルあたり

といった感じで上位時間足を見て行きます。

FX リバースタッチでショートして 約43.9万円の利益

その環境認識を使って実際に2022年10月18日のTYO時間開始後にトレードした時の5分足チャートが**図3-3**になります。

TYO時間開始直後から、**1時間足ミドルの下**をじりじりと下げて行き、上値のMAが上昇を抑え込む形になっている点を確認。

1時間足チャートに引いた上昇トレンドラインBを割り込んだ後、非常にきれいに**リバースタッチして下がったところ**（①）、そこから上昇して**再び下がった地点**（②）でショートを各6.66ロット

図3-3　リオン式ショートトレードの実践例

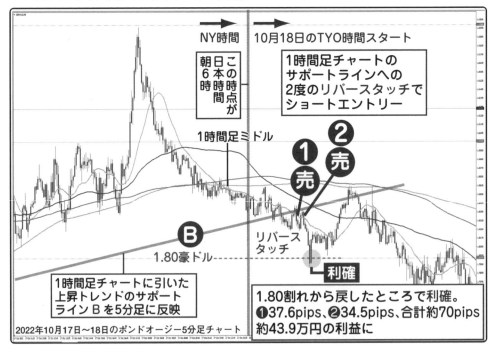

1

2

3

4

5

（各66.6万通貨）入れました。

　そして、1.80を割り込んで下がったものの再び戻したところで利益確定。①で37.6pips、②で34.5pipsを獲得。合計約70pips×66.6万×この日の豪ドル円レート約94円で約43.9万円の利益になりました。

　ポイントをクローズアップすると**図3-4**のようになります。

　エントリーから利益確定までの時間は50分程度。

　1時間足のサポートライン割れやその後、2度にわたるリバースタッチ（2度目は上ヒゲでタッチ）を5分足チャートで確認しながらのトレードでした。

　MT4なら上位時間足に引いたトレンドラインを5分足上でも確認できます。リオン式ゾーントレードでは、上位時間足のトレンドライン割り込みをショートエントリーのポイントによく使います。

図3-4　上位足トレンドラインを使って5分足チャートのエントリーポイントを探す

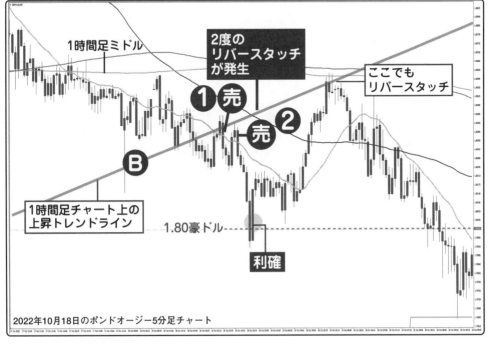

ⓕ 下降トレンド継続中の 戻り売りの注意点とは？

ショートでエントリーする場合、当然、**大きな時間軸で下げトレ
ンドが続いている**ほうが成功しやすくなります。

初心者の方でも入りやすい場面と言いたいところですが、注意点
もあるので紹介しましょう。

図3-5は日本時間の2022年9月16日朝6時時点のポンドオージー
の日足チャートです。

ほぼ全てのSMA、MTFが右肩下がりであることや週足ミドルが
一番上にあることから、**強い下降トレンド**であることが分かります。

最先端のローソク足の1本前には**上ヒゲの長い陽線a**が出現。こ

図3-5　日足チャートで現在の局面を環境認識する方法

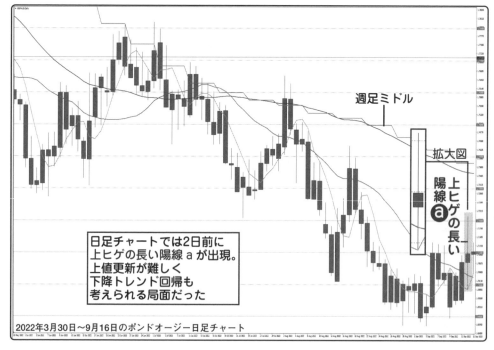

週足ミドル

拡大図

上ヒゲの長い陽線ⓐ

日足チャートでは2日前に
上ヒゲの長い陽線ａが出現。
上値更新が難しく
下降トレンド回帰も
考えられる局面だった

2022年3月30日～9月16日のポンドオージー日足チャート

の陽線aが反転上昇のピークだったとすると、下降トレンド回帰も考えられます。

　大きな時間軸で下降トレンドが継続中の時は、反転上昇後の**下降トレンド回帰を狙った「戻り売り」**を狙うトレーダーが多いのではないかな、と考えます。

　ただし、日足チャートは強い下降トレンドではあるものの、**より時間軸の短い4時間足、1時間足が上昇トレンドになっている時**は一時的に上げの勢いが強くなります。

● 1時間足や4時間足で**レートの戻りを邪魔するようなレジスタンス**を見つける

● 次に5分足チャートのローソク足が上位時間足のレジスタンスに跳ね返されて、**反転下落したところを狙う**

　といった手順を踏むと、比較的安全な戻り売りが出来るでしょう。

🏴 1時間足、4時間足で戻りの失速を確認する

　次ページの**図3-6**は先ほどの日足チャートの最先端の値動きを1時間足、4時間足チャートに表示したものです。

　日足チャートで見た上ヒゲの長い陽線aの高値がちょうど**1時間足チャートの高値A、4時間足チャートの高値A**です。

　その後、1時間足チャートの下落過程では**4時間足ミドルがサポート**になり、少し上昇したところでTYO時間の2022年9月16日朝6時を迎えています。

　4時間足で見ると、①のゾーンで**長い上ヒゲが3本連続**していて、上昇の勢いが鈍っていることが分かります。しかし、直近4時間の最先端のローソク足aは、その上ヒゲ連発ゾーン①の値幅の中で逆行高しています。

　ただ、日足チャートの陽線aの長い上ヒゲの先端＝1時間足、4時

図3-6　1時間足、4時間足も使って環境認識をする方法

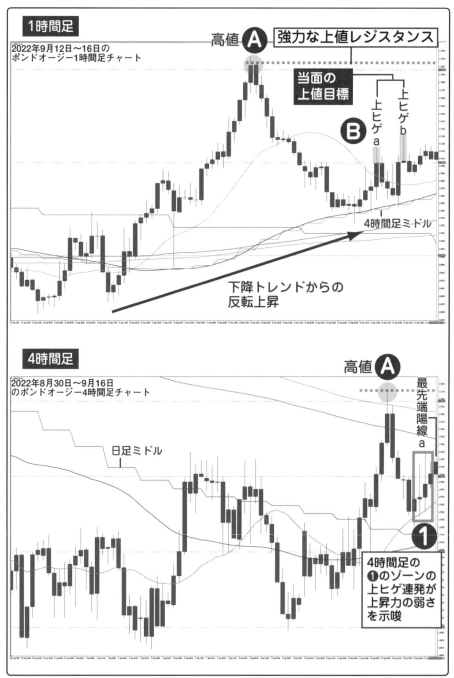

1時間足

2022年9月12日〜16日の
ポンドオージー1時間足チャート

高値 Ⓐ　強力な上値レジスタンス

当面の
上値目標

上ヒゲ
a

上ヒゲ
b

Ⓑ

4時間足ミドル

下降トレンドからの
反転上昇

4時間足

高値 Ⓐ

2022年8月30日〜9月16日
のポンドオージー4時間足チャート

最先端陽線
a

日足ミドル

❶

4時間足の
❶のゾーンの
上ヒゲ連発が
上昇力の弱さ
を示唆

間足の高値Aはかなり強力なレジスタンスになりそうです。

　高値ラインAに到達するまで、じっくり戻りを待って、さらに5分足でもチャートパターンが出るかどうか待つ。二重にも三重にもとにかく待ちます。

　高値ラインAに到達するためには、その前に立ちはだかる**1時間足の上ヒゲaやbの高値を突破する必要**があります。

　これらの上ヒゲが4時間足では3本の上ヒゲゾーン①に集約されているという状況になっています。

　上位時間足から見た環境認識をまとめると、

- **日足チャートで下降トレンドが明確な中、1時間足、4時間足で戻りを試したものの、高値Aを更新できず下げている**
- **1時間足の上ヒゲaやbの高値ラインを超えられない時は、少しフライング気味だが、下降トレンド回帰を狙ったショートエントリーが狙える**

といった感じになります。

　次ページの**図3-7**は今紹介した日足、4時間足、1時間足の値動きの後、TYO時間が始まって以降の5分足チャートです。

　朝6時から約2時間は上昇が続いていましたが、①のポイントで陽線と陰線が連続して上昇が止まっています。この**①のポイントは1時間足で見た、直近の上ヒゲbの高値ライン**になります。

　ただ、この陽線→陰線ではまだショート出来ません。

　成功率を上げたいのなら、ローソク足が**1時間足ミドルを割り込んで全体が下降トレンド**になってからショートするべき。それがリオン式トレードの比較的安全なショートエントリーの判断基準です。

　とにかく初心者さんには「1時間足ミドルには逆らわないようにしましょう」と推奨しています。

　1時間足の上ヒゲ高値ラインbにタッチした後、2時間ほど下落→横ばい→再度下落という右肩下がりの動きが続きました。

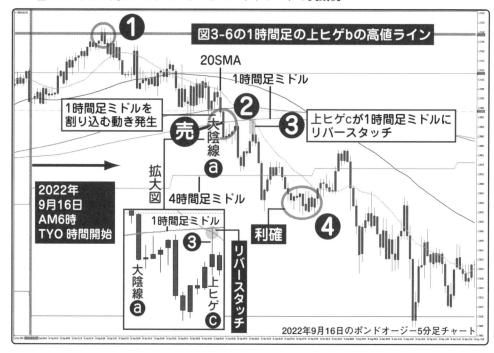

図3-7　リオン式ゾーントレード　ショートトレードの実践例

そして、約2時間半後の11時25分になって**待ちに待った1時間足ミドルを割り込む動き**が②のゾーンで起こりました。

1時間足ミドルを勢いよく下に抜けた**大陰線aでエントリー**します。

損切りの目安は5分足の20SMAの上にローソク足が乗ったところ。その下値に位置する1時間足ミドルの上に乗って上値の20SMAを目指すようなら、「1時間足ミドル下抜けでショート」というエントリー根拠が完全に切れたことになります。

下落した後、③のポイントで上ヒゲcが1時間足ミドルに裏からリバースタッチして反落するのを確認してからファーストエントリーでも良いですし、もっと上からショートを入れていて既にプラスになっている状態でしたら、③を追撃のポイントにも出来ます。

その後は下にあった4時間足ミドルにタッチしたところで利益確

定するか、もう少し値動きの様子を見て、4時間足ミドルを割り込んだ後、横ばいで推移した④のゾーンあたりまでを目標にします。ただ、「何か、この動き気持ち悪い」と思ったら、どの位置でも早めに逃げてしまう時もあります。

　大陰線aの1時間足ミドル割れでエントリーして④のゾーンで利益確定したとすると、**獲得pipsは約34pips**になります。

　この戻り売りの例では、

● **上位時間足の長い上ヒゲの高値**などから、戻りを阻むレジスタンスになりそうなラインを探す

● **ローソク足が1時間足ミドルより下**にある時なら比較的安全で、下げトレンドが継続しやすい

● 1時間足ミドルを割り込む大陰線や、その後、1時間足ミドルに下から**リバースタッチ**したところなどがショートエントリーしやすい

● 利益確定は、**エントリーポイントの下にある上位足MA（この場合は4時間足ミドル）が第一目標**になる

という一連の流れを紹介しました。

　戻り売りは、1時間足、4時間足のトレンドが上向きである状態の時には簡単にひっくり返されて失敗する可能性があります。

　その半面、大きな時間軸で下降トレンドが鮮明だった場合、上位時間足のレジスタンスが機能すれば、大きな下落幅を獲れることも珍しくありません。

　コツコツ勝ってドカンと勝つことも可能ですので、リオン式の天井トライが怖いという方は、この戻り売りからチャレンジしてみてください。

FX 5分足でショートエントリーする時の判断材料

　前ページまでの例では、1時間足ミドル割れや1時間足ミドルに裏からリバースタッチしたところが、5分足チャート上でショートするポイントになりました。他にもいくつか5分足チャートでエントリー、利益確定、損切りする根拠となる目印の組み合わせを紹介します。

FXシグナル	上位足MA +チャートパターン	»	重要度	★★★★☆
			頻出度	★★★☆☆
			エントリー根拠	★★★★☆
			精度	★★★★☆

　図3-8は上位足の日足ミドルが強力なレジスタンスとなっている中、1時間足ミドルの下でダブルトップを形成。そのネックラインが1.70に重なっていた例です。上位足MA＋チャートパターン＋キリ番と、シグナルが3つ重なっていることになります。

　2022年9月20日のポンドオージー5分足チャートでは図の左側のNY市場の終了間際から、日足ミドルが上昇を抑える上値レジスタンスになっていました。

　TYO時間に入っても日足ミドルを抜け切れず、①のゾーンでは日足ミドルに頭を抑えられて下落しました。

　その後、**上値の1時間足ミドル付近で跳ね返された②のゾーン**に注目してください。

　少し分かりにくいですが、②のゾーンでダブルトップが完成しています。その**ネックラインは1.70という大キリ番**（小数点第2位から第5位までが全てゼロの「4th0000＝フォースゼロ」と呼ばれます）とほぼ重なっています。

図3-8　リオン式ゾーントレード　ショートエントリー&利確の基本

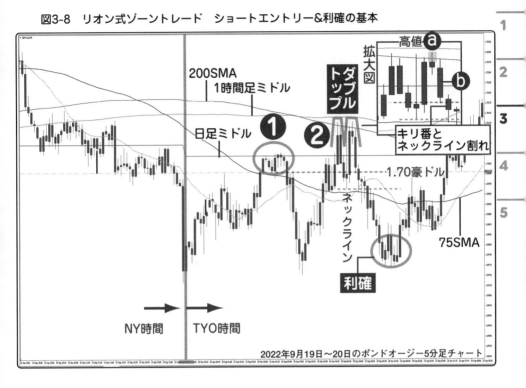

2022年9月19日〜20日のポンドオージー5分足チャート

　上値にあった200SMAや1時間足ミドルがレジスタンスになっているので、この場合、ダブルトップの完成を待たずに入ります。

　売りのエントリーポイントになるのは、

- ●ダブルトップ完成前の2度目の高値aをつけた陽線が上ヒゲを作って200SMAに跳ね返されたところ
- ●大陰線bが日足ミドルを割り込んだところ
- ●1.70やネックラインを割り込んだところ

　などです。

　損切りラインは、1時間足ミドルの上にローソク足が乗って陽線で終わった時あたり。

　これはローソク足の形が確定して結果が出るまで分かりません。損切りの目安としては、1時間足ミドルの上に陽線で乗って下落せずに上昇した時。そのうち1時間足ミドルから離れて行く乖離が始

まってしまったら深い傷になるので、その前に逃げます。

　実際の値動きは、75SMAを完全に割り込み、ダブルトップの高値aから約34pips下落して安値をつけた後、反発しています。その過程で利確。

　5分足チャートではかなり大きな動きに見えますが、実際は約40pips前後の動きです。

　TYO時間は、欧州時間が始まる夕方16時〜18時やNY時間が始まる夜21時〜23時に比べると、値動きは緩やかです。

　たとえ小さな動きでも、値動き自体は比較的安定していて、テクニカル指標も「効いている」のが分かりますね。

　大きな値幅が出ることは少ないものの、**勝率自体を高めて、利益を出す**ことが出来ます。

　そして日によっては意外に大きな利益も出ます（60〜80pipsくらい）。それがTYO時間のポンドオージーです。そして、

「TYOでダメでも欧州、NYで取り戻せるかもしれないし（NYが始まりだと徹夜になってしまう）、TYOで終わればその後は全て自由時間！」

　TYO時間にはそんな魅力もあるのです。

FXシグナル	SMA集束からの下抜け	重要度	★★★★★
		頻出度	★☆☆☆☆
		エントリー根拠	★★★★★
		精度	★★★★☆

　SMAが集束した状態からの下抜けは、下降トレンドへの転換が始まったばかりの時に点灯するシグナルです。その後は長時間にわたって大きな値幅を下げることも多く、「コツコツ勝ってドカンと勝つ」の**「ドカンと勝つ」ほうを狙える動き**です。

　その前兆は、多くのMAが最初はフラット（横ばい）になり、そ

の後、狭い価格帯にきゅっと集束している状態です。

　図3-9の2022年8月24日から25日のポンドオージーの値動きが例になります。

　図の左側、前夜のNY時間終盤から約15pipsの狭い値幅でレンジ相場が続いたことで、5分足チャートでは、1時間足ミドル、200SMA、75SMA、20SMAが狭いゾーンに密集。

　その後、TYO時間の9時半頃にレンジ相場の下限Aをブレイクした後、下げが加速しています。

　この時、既にレートは右肩下がりの1時間足ミドルや200SMAの下だったので、

● **200SMAに上ヒゲタッチで跳ね返された①や②のポイント**

● **NY時間からのレンジ相場下限Aを割り込んだポイント**

● **その後、TYO時間開始直後につけた安値ラインBを割り込んだと**

図3-9　MAの集束・拡散を利用したショートエントリーの具体例

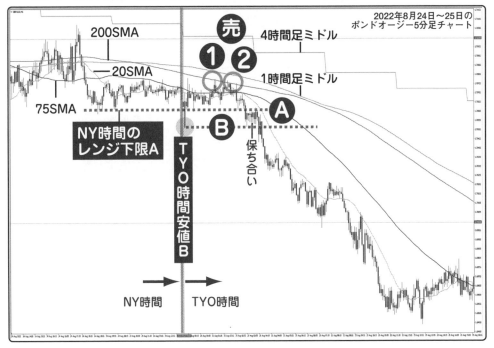

ころ

などがショートエントリーのポイントになります。

損切りポイントはローソク足が1時間足ミドルを陽線で完全に超えてさらに上昇しそうになった時です。

その後、下落がどんどん進む過程では、利益確定ポイントをレンジ相場の下限ラインA、保ち合い相場の下限Bといった具合に、徐々に引き下げて行きましょう。

レートが予想通りの方向に動き続けている時、その動きに合わせて**利益確定の逆指値注文をスライドさせて、利益を伸ばして行く注文方法を「トレーリングストップ」**と言います。

私は値動きをずっと観察して、少しでも怪しい動きが出たら、手動で利益確定しないと落ち着きません。ただ、ずっと相場を見ている時間的余裕のない人は自動で値動きを追尾して決済の逆指値注文の価格を一定幅でスライドさせてくれるトレーリングストップ注文を使って、**それまでの利益を確保しつつ、さらなる利益積み上げを**狙う、という方法もあります。その場合は、上昇して逆指値注文が発動した後に結局、上ヒゲで終わって、さらに下落する利益取り逃がしのパターンは諦めましょう。

この移動平均線の集束・拡散は分かりやすいシグナルで、予想通り拡散が始まると大きな利益を狙えます。

頻度はそれほど多くありませんが、見かけることが出来たなら、エントリータイミングに気をつけて、フラットな目線でどちらに行くかを見て行きましょう。

	FXシグナル	重要度	★★★★☆
	リバースタッチ＋上ヒゲ	頻出度	★★★☆☆
		エントリー根拠	★★★★☆
		精度	★★★★★

第2章で見た「いったん下げてラインを割り込み→再度、割り込んだラインまで上げてラインに裏側からタッチ→跳ね返されて、また下げる」という**Mの字を右に傾けたような動き**がトレンドラインのリバースタッチです。

トレンドラインなどを一気に割り込んで大きく下げる初動は見送って、その後、リバースタッチが発生して、**再び下落するまで待ったほうがより精度の高いエントリー位置**となります。

図3-10は、前夜のNY時間に三角保ち合いを形成した後、TYO時

図3-10　リオン式ゾーントレード　ショートトレードの実践例

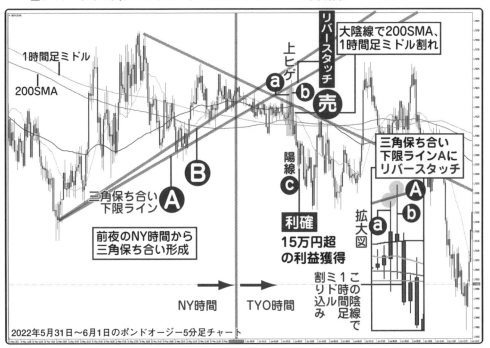

間に入って横ばいが続いた時（2022年5月31日〜6月1日）のポンドオージーの5分足チャートです。

監視前のNY時間では、**三角保ち合いが形成**されていました。その安値同士を2つほど結んで、**三角保ち合いの下限をラインでなく、ゾーンでとらえられる**ようなラインA、Bを引きました。

TYO時間に入ると、三角保ち合い下限ラインAを**下にブレイク**。

しかし、横ばい相場が続いたので、今度はラインAとBのゾーンまで再度上昇して**リバースタッチする動き**を根気よく待っていました。

その後、**非常に長い上ヒゲa、b**の2本が出現。上ヒゲの先端が三角保ち合いの下限ラインAにリバースタッチしています。

そこで、2本目の上ヒゲbが完成した瞬間から、ローソク足が200SMAと1時間足ミドルを割り込む動きに乗って、6ロット（60万通貨）のショートを3本入れました。

そして、下落過程で出た陽線cで利益確定しました。

獲得pipsは11.4、9.4、6.7だったので、合計27.5pips。

当日の1豪ドル約92円のレートで換算すると、**獲得利益は約15.1万円**になりました。

設定していた損切りラインは、リバースタッチが起きた**上ヒゲ先端**の価格帯でおよそ5〜10pips上。

三角保ち合いブレイク狙いの短期トレードですので、さほどの利益にはなっていませんが、このパターンの安全性は比較的高いと思います。

● **初動は見送り、その後のリバースタッチを根気よく待つようにする**

● **値動き次第では少しでも利益が出たら勝ち逃げしてしまう**

という2つを行うと、勝率がかなり上がります。

まだAM9時台でTYO時間は始まったばかりですから、この後、プライスアクションと自分の体力や気力次第では新しいポジション

を持つこともあります。

勝ち逃げ後にチャンス到来なら 再度エントリーする

図3-10で利益確定した陽線cの後、再び陰線（d）が出て下げが加速しそうだったので30万通貨×3本をショートしました。

そのポイントを示したのが、**拡大図3-11**になります。

利益確定した大陽線cの高値を陰線dが超えないで下げたところで1本、次の大陰線eの下げが加速したところでもう1本、この大陰線eが2本前の大陽線cの始値を下回ったところで1本になります。

既に一度は利益確定しましたが、三角保ち合い下限へのリバースタッチがとてもきれいに決まっていました。「まだ下がる可能性が

図3-11　図3-10でショートエントリーした後の拡大図

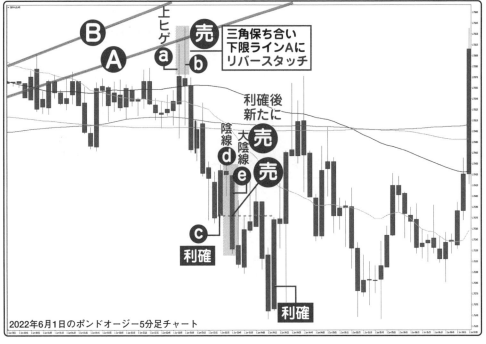

2022年6月1日のポンドオージー5分足チャート

高い」と感じていたので、利益確定直後に陰線が出たところで再び
ショートを入れ直した形になります。

　追加の場合は特に、トータルで見て勝ちで終われるように注意し
ます。残念ですが、追加分がマイナスになってきたら、最低でもプ
ラマイゼロになるよう、含み損で前に得た利益が消える前に損切り
しましょう。

　よく利益確定目標にするのは、5分足の上位時間足にあたる**1時
間足チャート上にある節目**です。

　この時の1時間足は下の**図3-12**のようになっていました。

　エントリーポイント①の下には、1時間足で**サポートになりそう
なゾーンA**や1ポンド1.75豪ドルのキリ番がありました。これらが
下値支持帯として働いて下げ止まる可能性も高いので、1時間足の
サポートゾーンの**上限ライン**で利益確定しました。その後、一時的

図3-12　1時間足で重要なサポートやレジスタンスを見つける方法

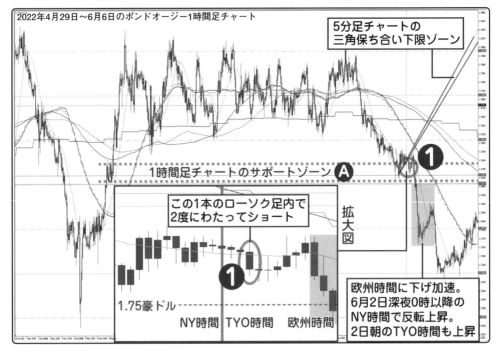

に反発しています。

　最初の取引から既に「ここまでは下がるだろう」と意識していた水準まで利確ポイントを伸ばせましたので、今度は17.2、13.8、12.8pips、計12万円弱の利益でした。

　多少早めであっても利益をまず1回確保。

　その方向性がまだ続くと判断できたら、もう一度入り直して、また勝ち逃げする。

　1回のトレードの中でロットを分割し、ゾーンで複数エントリーしたり、時折このように、また新しくポジションを取り直したりして利益を重ねて行く。

　このパターンが出来ると、一気に資金は増えて行きます。

　ただ、この「追い玉」、得た利益を元にさらにポジションを増やす「ピラミッディング」は諸刃の剣なので（時に1回目の利益が全部なくなることもあります）、慣れないうちはトレードは1度だけに絞って、その1回を勝ちに持って行くことをまず目指してください。

　その後、163ページの図3-11の右側の動きでも分かるように、いったん大きく反発して5分足チャートの1時間足ミドルを超えているので、利確は正解でした。

　欧州時間に入ると再び下げが加速して、図3-12にもあるように、250pips以上、急落しています。

　欧州時間からNY時間にかけての値動きはかなり**スピードが速い上に、短時間で方向が逆になることも**あります。

　「TYO時間だけ、ポンドオージーだけ、ショートだけ」に絞っている今でも月間平均200万円の利益を出せていますので、今はあえて怖いところに無理に突っ込む必要はないかなと思っています。

　1日中、トレードに縛られてしまったら、自由になりたくてFXを選んだのに本末転倒ですから引く時はサッと引きましょう。PCは

閉じてしまいましょう。

　ただ、欧州時間以降の速い動きにも今後はチャレンジしたいと思っています。私の長所を挙げるとしたら、「飽くなき向上心」と「諦めない強さ」だと思うので。

　出来るようになるまでは極力減らす。だけど、ひとつが完璧に出来るようになったら、少しずつ、得意分野を増やして進んで行く。監視通貨ペアを増やしても良いですし、取引する時間や市場を増やしても、売り買い両方を狙ってもいい。

　お互いに、焦らずゆっくり、でも雄々しく進んで行きましょう。

🅕🅧 リオンの普段のトレードの基本的な流れ

　TYO時間という比較的穏やかな値動きの中で、

- **上位足MAの位置**

- **SMAの集束・拡散**

- **チャートパターン**（ダブルトップ、トリプルトップ、三尊天井など）

- **トレンドライン、サポートレジスタンスラインへのリバースタッチ**

などを使ってエントリータイミングを探す。

・損切りはエントリー根拠が切れたらすぐ行う。**最悪で35pips**、ロットを分割してエントリーした場合でも50pips以内。

・利益確定はローソク足の下にある上位足MAや1時間足のサポートレジスタンスラインを目指す。

・安値が切り上がってしまった時、または5分足チャートの20SMAの上に乗ってしまったら薄利でも利確。

・自分の体調がまだ大丈夫で、またチャンスがあると思ったら入り直すが無理はしない。

・出来ればAM中、遅くともTYO時間が終わる夕方16時までには取
　引終了（非常に大きな利益が出ている時は利益を確保しつつ、伸
　ばせるだけ伸ばす時もあり）。

・値動きが激しい欧州時間以降は、よほどの大チャンスだと思える
　場合以外はトレードしない。

こんな感じで70〜80%台の勝率をキープしています。

FX シンプルなチャートを フラットな心で観察しよう

　Rionチャートには、期間20〜240のSMA4本、MTFに使う上位足
SMA（ミドル）3本、計7本の移動平均線が描画されています。

　ただ、MAなしでローソク足自体の形状の変化やサポートレジス
タンスライン、トレンドラインを見たいなと思う時もあります。

　そんな時は4本のSMAを画面から消して（上位足MTFは残しま
す）、より環境認識しやすくした**「シンプルチャート」**もMT4の
「定型チャート」フォルダに格納して、すぐに呼び出せるようにし
ています。

　シンプルチャートで見るのは、**上位時間足**上にあって5分足の値
動きにも影響を与えそうな、

● **サポートレジスタンスライン**

● **トレンドライン**

● **値動きのゾーン**

　です。上位時間足の環境をよく把握した上で、重要と思われる上
位足のラインやゾーンに5分足チャートのローソク足がどう反応し
て行くかを見て行きます。

　まずはシンプルチャートに1時間足を表示します。この時、**値動
きの全体像が見えるようにチャート表示を小さくします。**そうする

図3-13　1時間足チャートを使った環境認識ドリル

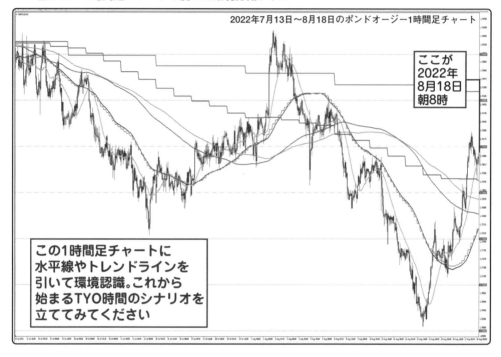

2022年7月13日～8月18日のポンドオージー1時間足チャート

ここが
2022年
8月18日
朝8時

この1時間足チャートに
水平線やトレンドラインを
引いて環境認識。これから
始まるTYO時間のシナリオを
立ててみてください

と、サポートやレジスタンスの価格帯を一望できます。

　例えば、**図3-13**は2022年7月13日の日本時間朝6時から8月18日
日本時間朝8時までの1時間足チャートです。

　このチャートを見て、8月18日にエントリーするまでのシナリオ
を立ててみましょう。

　上位時間足で注目したいラインやゾーンは、**これからトレードを
行う価格帯に近いもの**から探して行きます。

　パッと見て、最先端の値動きに影響を与えそうなラインやゾーン
を見つけてみましょう。

　チャート最先端の価格帯近辺で何度もローソク足が反発したり、
上昇が阻まれたりしているラインを探してください。

　多分、多くの人は同じようなラインやゾーンに注目することにな
ると思います。

図3-14　図3-13の環境認識ドリル　リオンの回答①

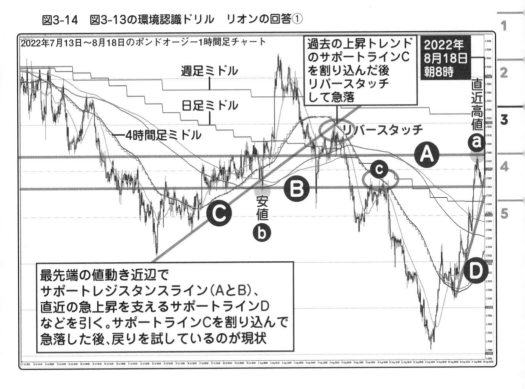

私が意識したサポートレジスタンスラインは**図3-14**に引いたA
とBの2本、トレンドラインとしてはCとDの2本になります。

①Aは直近高値aを起点に引いた水平線で、かなり以前には**このラ**
インでローソク足が下げ止まったり、揉み合いレンジの上限や下
限になったりしています。そのラインまで上昇したものの、跳ね
返されて下落したのが直近の値動きになります。

②Bは画面中央の安値bと、そこを割り込んだ後に上ヒゲで何度か
タッチを繰り返したものの上抜けることが出来なかったcのゾー
ンを結んで引きました。

　これまでサポートだったラインがレジスタンスに転換したパター
ン。直近の値動きは、この**ラインBを割り込むか、それともBを支**
持帯にして再び上昇に転じるかの境目になっています。

　このことから2022年8月18日、これから始まるTYO時間では、**A**

とBのラインとその間のゾーンを意識して売買戦略を組み立てて行きます。

トレンドラインCは上昇トレンドのサポートラインですが、その後、下降トレンドに転じたローソク足がいったん上昇してリバースタッチしたものの、抜け切れずに下落しています。

また、シンプルチャート上に残した上位足のMTFのうち、日足ミドル、週足ミドルがともに右肩下がりです。**週足ミドル＞日足ミドル＞上向きに転じた4時間足ミドル**という下降トレンドの戻り局面を示す並びになっている点も、これ以降、再び下落するのではないかと判断する材料になります。

また、**トレンドラインDは直近の急激な上昇を支えているサポートライン**になります。これを下抜けたら、下落が加速するかもしれませんし、いったん割り込んだ後、ラインDにリバースタッチして再下落するというシナリオも想定できますよね。

何度も引き直して、様々なパターンを想定して、一番起こりそうな未来を考えます。

その時、特に気をつけているのが、「ショーターの都合の良いように**下落目線でバイアスをかけない**」こと。油断すると、その傾向が出てしまうのです。

「こうなって欲しい」という気持ちで「こうなるはずだ！」と見てしまわないように、常に反対側のロンガーさんの気持ちも考えて行きます。

では、こうした環境認識をした上で、2022年8月17日から18日のTYO時間の5分足チャートを見て行きましょう。1時間足チャート上に引いたラインを5分足上でも確認します（トレンドラインがシンクロするインジケーターを使用します）。

上位時間足を意識しながら、これからどちらに向かうか考えて行きます。

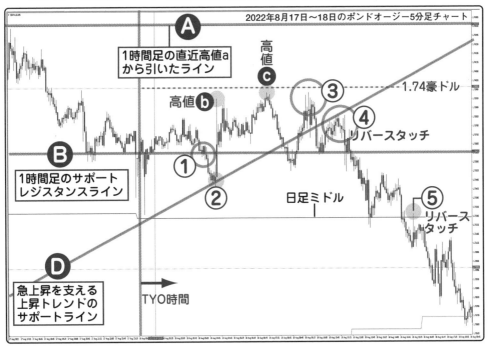 上位時間足で引いたラインを 5分足に表示

　図3-15は先ほどの1時間足で環境認識した前後の5分足チャートの値動きです。

　1時間足の直近高値aから水平に引いたラインAには遠く届かず、**ゾーン下限に設定したサポートレジスタンスラインBを割り込む展開**になりました。

　Bを割り込んだ①のポイントなどはショートエントリーのチャンスです。その後、下落したローソク足は1時間足チャートの**上昇トレンドのサポートラインDの上でピッタリ下げ止まって**います（②）。

図3-15　1時間足チャートで環境認識した後のTYO時間の5分足チャート

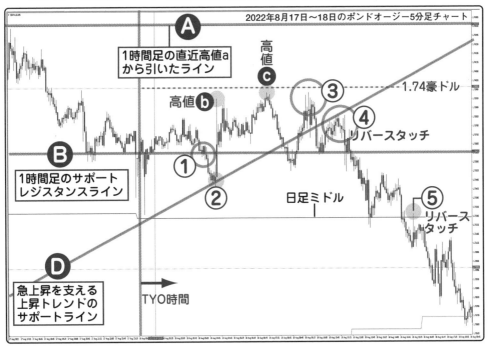

その後、上昇する展開になりましたが、今度はキリ番の**1.74豪ドルのラインが**上値を抑えるレジスタンスに。

高値bやcがキリ番に届かず失速しているわけですから、**再びキリ番突破にトライしたものの、上ヒゲ連発**で届かなかった③のゾーンはショート優勢ではないか、と判断できるので入りやすいかと思います。

1.74豪ドルのキリ番からラインBまでは約35pips。

やや少なめではありますが、3度高値をつけたチャートパターンのきれいさから狙っても良いかと思います。

その後は欧州時間に入りますが、④のポイントで1時間足のトレンドラインDに対して、きれいな**リバースタッチが発生**しています。ここもエントリーポイントになります。

深夜のNY時間に入ると、**日足ミドルも突き抜けて下落**して行きました。そこでも⑤のポイントで上ヒゲが日足ミドルにリバースタッチした後、下げています。

ここまで読んで頂いた方はもうお分かりだと思いますが、**5分足で大きな動きが起きるのは上位時間足で何か、がある場所**。狙うのはそういうところです。

5分足チャートのみの判断でエントリーしない。

それがリオン式ロジックです。

FX 上昇トレンドの調整局面を上位時間足チャートで捕獲

もうひとつ、具体例を見てみましょう。

図3-16は2022年9月28日から10月18日の日本時間朝6時までのポンドオージーの1時間足チャートです。

上昇トレンドが続いています。

図3-16　1時間足チャート上で重要な高値・安値ライン、トレンドラインを見つける

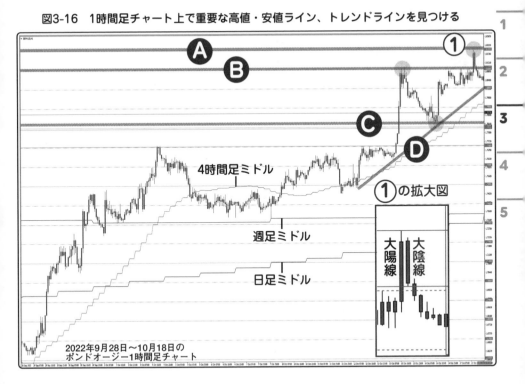

　この1時間足チャートには分かりやすいターゲットは見つけられ
ませんが、高値ラインA、B、その間につけた安値ラインC、直近
の上昇局面の安値同士を結んだサポートラインDを引いてみます。

　10月18日TYO時間開始前には、①のゾーンで大陽線とそれを打
ち消す大陰線が出て、その後は大陽線の始値も下回って下落。

　週足ミドルも日足ミドルも右肩上がりですが、ひょっとしたら上
昇がピークを打った可能性もあります。

　これなら、上昇トレンド中の大きめの押し（下落調整）に繋がる
かも。ひょっとしたら、ここが大きな下落の始まりかもしれません。

　では、その後のTYO時間の5分足はどうなったでしょうか？

　皆さんも1時間足チャートの重要ラインを見ながら、「ここを割
り込んだらショートかも」という見通しを立て、この先に広がる5
分足チャートを想像してみてください。

図3-17　1時間足の重要ラインを反映した5分足チャートのエントリーポイント

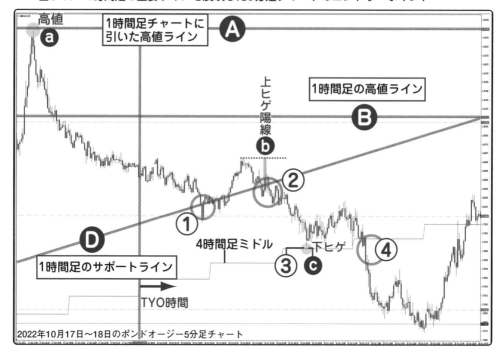

2022年10月17日〜18日のポンドオージー5分足チャート

　上の**図3-17**が8月17日から18日朝6時以降のポンドオージーの5分足チャートになります。

　深夜のNY時間に高値aをつけた後はTYO時間に入っても下落が続いています。

　TYO時間では1時間足チャートに引いた**上昇トレンドのサポートラインDを巡る攻防**になりました。

　Dをいったん割り込んだポイント①でショートした場合は、直後に陽線が出て再びDを上抜けたところで損切りになります。

　その後はサポートラインDに絡みついたり、Dを上抜けて上昇したりする動きが続いた後、**上ヒゲの長い陽線b**が出現。

　この陽線bの上ヒゲは直近高値ラインを抜け切れておらず、再び下落開始になりそうです。

　ここでショートは難しいかもしれませんが、その後、再びトレン

ドラインDを割り込んだ②のポイントなら入れるのではないでしょうか。

　利益確定は下値に位置する**4時間足ミドルに下ヒゲcでタッチ**した③あたり。②から③まで70pips弱の値幅があるので、大きな利益を上げることが出来ました。

　欧州時間入りした夕方18時30～40分には4時間足ミドルを割り込んで急落しています（④）。

　ポンドオージーはポンドドルの値動きから大きな影響を受けます。夕方に**欧州勢**が市場に参入してくると途端に値動きが激しくなります。

　TYOと逆方向になることも多い欧州時間ですが、速い動きがお好きなら、短時間で大きな値幅を狙えますのでチャレンジしてみてください。

　リオン式ロジックは値動きの速さ、大きさ、時間帯、通貨ペアに関係なく使えるはずです。

　ただ、米国の雇用統計などの大きな経済指標、または突然の要人発言の際には、**どんなロジックも通用しません**。

「4時間足ミドルで止まるはずだ！」

　というような期待はしないで巻き込まれて逆行されたら、とにかく何も考えずに逃げてください。

　そしてもうひとつ、**Rion'sヒント**。

　経済指標発表の時などは、思い通りに一気に凄いプラスのpipsを獲得できる場合もあります。

　その際には「もっともっと！　このサポートラインまで！」などと欲張らず、初動でまず利確しておきましょう。

　指標発表時はサポートラインも効きませんから。

　せっかくのプラスから戻されて損益ゼロにされると大変悔しいですし、マイナスになると人は意地になります。

「ぐわっと行ったら、もらっとく」（リオン語）で、せっかくの利

益を消さないようにしましょう。

FX リオン式ゾーントレードの
エントリーパターン

　もう少し詳しく、リオン式ゾーントレードには、どのようなエントリーパターンがあるのか、イメージで紹介して行きますね。

　上位時間足でレジスタンスになりそうなゾーンを見つけたら、その上限から下限がエントリーゾーンになります。

1　サポートレジスタンスラインを把握する

2　そのライン近辺で上値抵抗線として機能しているラインを見つける

3　1と2のラインに挟まれた値幅を「ゾーン」と考える

4　ゾーンの上限を損切りラインに設定する

　図3-18は2022年10月11日〜20日のTYO時間12時までの1時間足チャートです。このチャート上で実際に上記の1〜4の手順を行ってみました。

　4時間足ミドルが上昇していることから、この期間のポンドオージーは上昇トレンドが続いて来たことが分かります。

　その過程の上下動で複数のサポートレジスタンスラインが出来ています。

　直近の高値aを起点に引いたラインAも、過去にはそこで下落が止まって上昇に転じたり、割り込んで下落が加速したりした価格帯とちょうど重なっています。

　ラインAのすぐ下には右肩上がりから横ばいに転じた4時間足ミドルもあります。

　また、その下にもAと同じようなサポートレジスタンスラインBがあります。

図3-18　1時間足の重要なサポートレジスタンス、トレンドラインからゾーンを設定

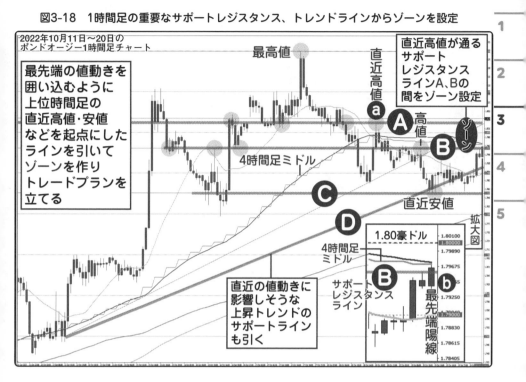

ラインAから4時間足ミドルをまたいでラインBに至る値幅を「ゾーン」として意識することが出来ます。

ラインAからBの値幅は約59pips。ラインBと4時間足ミドルの値幅は約10pip。さらにその上の1.80豪ドル（図3-18内の拡大図参照）までは約30pipsです。

1時間足最先端の陽線bからサポートレジスタンスラインBに跳ね返されて下落したところをショートで狙う場合、**4時間足ミドルか1.80豪ドルあたりが損切りラインの目安**です。

そこまで環境認識できたら、次は5分足チャートに移ります。

次ページの**図3-19**が先ほどの1時間足チャート直後の5分足の値動き（2022年10月20日）になります。

5分足チャートではTYO時間12時以降もしばらく上昇が続き、ついに陽線の高値aが1時間足チャートのサポートレジスタンスライ

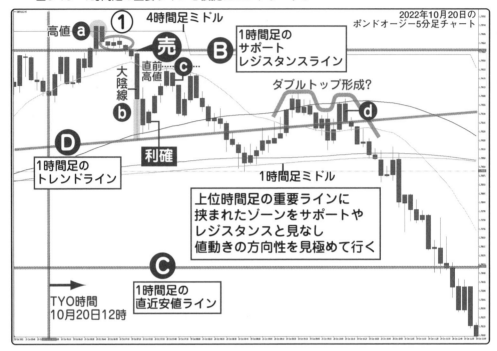

図3-19　1時間足の重要ラインを根拠にエントリーする

2022年10月20日の
ポンドオージー5分足チャート

① 4時間足ミドル

高値 ⓐ

大陰線

ⓑ 直前高値

ⓒ

売

Ⓑ 1時間足の
サポート
レジスタンスライン

ダブルトップ形成？

ⓓ

利確

Ⓓ 1時間足の
トレンドライン

1時間足ミドル

上位時間足の重要ラインに
挟まれたゾーンをサポートや
レジスタンスと見なし
値動きの方向性を見極めて行く

Ⓒ 1時間足の
直近安値ライン

TYO時間
10月20日12時

ンB（図3-18参照）や4時間足ミドルをいったん上に突破しました。
「ここまで上がったらショートを検討しよう」と思っていたゾーン
の中にローソク足が入って来た状況です。

　実際、高値aをつけた後の陰線ですぐ4時間足ミドルに跳ね返さ
れました。そして、すぐ下にある**1時間足のサポートレジスタンス
ラインBまで下落**して少し揉み合います（①のポイント）。

　これは設定した**ゾーンが上値抵抗帯として機能**している、と判断。
ここでショートエントリーします。

　損切りラインは4時間足ミドルの少し上にある高値aを超えたと
ころ、になります。

　Pips数でいうと約13pipsですから、ショートエントリー後に再び
ゾーンのほうに向かって上昇する動きが出ても、傷は浅くて済みま
す。図3-18の1時間チャートと図3-19の5分足チャートの形状なら、

強気で入って大丈夫。

値動きに沿って、何本か追加エントリー出来るはずです。

その後、予想通り急落。

大陰線bが長い下ヒゲを残した後の終値で利確する場合は約27pips。実際はその2本後に出た陽線の始値近辺で利確して、約34pipsを獲得できました。

TYO時間では初動から30pips前後動くと戻される場合も多いので注意しておきます。

その後、いったん上昇したものの直前の高値（上ヒゲ）を抜けずに下落した陰線c、1時間足ミドルで反転上昇した後、**ダブルトップになりそうな2度目の高値を形成して下落し始めた陰線d**などでもショートエントリーできるかと思います。

このようにゾーンを決めて、そこで跳ね返されて下落することを狙ってエントリーする場合、**ゾーンの上限が基本的には損切りライン**になります。

この例のように一度ゾーンにタッチしてすぐに下落する場合は、ゾーンの下限ラインまで戻されるのを待つのではなく、プラスになったら出来るだけ、その利益を消さないうちに逃げます。また高値を見に来て、上に突き抜けるリスクもあるので薄利でも勝ち逃げに徹しましょう。

FX MA追加でより信頼できるエントリーを目指す

ここまでレートの値動き自体に潜むラインやゾーンをシンプルチャートで探してきました。ここにMAを追加して、方向性を把握しながらより強いエントリーポイントを探って行きます。

Rionチャートに表示されているSMAは既にご紹介したように、

●**20SMA、75SMA、200SMA、240SMA**

の4本です。

これらSMAの傾き、並び、レートとの位置関係はレートに生まれているトレンドの方向性や勢いを判断できるシグナルになります。

5分足チャートの**20SMA**は相場の変化にいち早く反応する特徴を生かし、値動きの初動を察知したり、利益確定の目標値としても使用したりします。

75SMAは時折、とても重要な役割を果たすと思えるMAです。

何度か「消そうかな」とも思ったのですが、下落時はサポートになって邪魔して来ますし、上昇時は下を支えて来るので「まだ75SMAを下抜けない……」と思う時も多く、途中の利確や損切り判断に役立ちます。

また「75SMAを下に抜けたから少し安心」というトレード継続の目安にもなります。

MAの傾きや集束＆拡散などを見て、エントリー根拠の信憑性（しんぴょうせい）を測るのが私にとってのMAの役割です。

図3-20は、相場が天井圏に達して天井打ちした時によく出現するダブルトップの例です。

一見するとどちらもダブルトップのようですが、左側のケースAのチャートは**移動平均線が上向き**でしかも、20SMAと75SMAが集束した状態から上に向かって拡散しています。

これは上昇トレンドの勢いが加速しているシグナル。そんな状況で起こったダブルトップは「使えないんじゃ……？」とMAを見て考えることが出来ます。特に短期の20SMAの傾きは重要です。

天井圏で下落シグナルとなるダブルトップは、20SMAが**横ばいか、やや下向き**になって初めて、エントリーファクターになり得ます。

ネックライン近辺にも注目しましょう。図3-20のケースBのチャートのようにネックライン割り込みに続いて、右肩下がりの日足ミ

図3-20　ダブルトップのフェイクを見極める方法

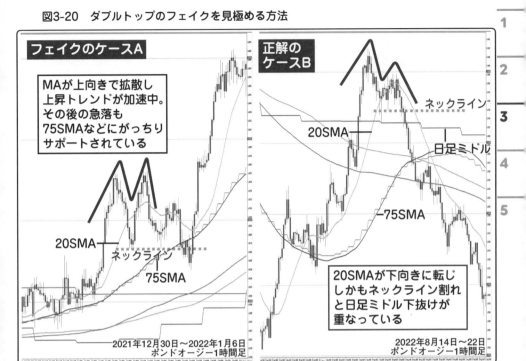

フェイクのケースA

MAが上向きで拡散し
上昇トレンドが加速中。
その後の急落も
75SMAなどにがっちり
サポートされている

20SMA

ネックライン

75SMA

2021年12月30日〜2022年1月6日
ポンドオージー1時間足

正解の
ケースB

ネックライン

20SMA

日足ミドル

75SMA

20SMAが下向きに転じ
しかもネックライン割れ
と日足ミドル下抜けが
重なっている

2022年8月14日〜22日
ポンドオージー1時間足

ドル下抜けが重なるようなダブルトップなら信頼度がぐんとアップ
します。

　また、ダブルトップ完成直後に20SMAが75SMAを割り込むデッ
ドクロスが発生すると、より安心感も増しますね。

　ダブルトップの中には図3-20のケースBのように**2度目の高値が1
度目の高値より切り下がっているタイプ**もあります。高値が切り下
がっているわけですから、こちらも信頼して良いかな、と判断でき
ます。

　ローソク足だけでなく「ローソク足＋SMA」で見ると、現在の
値動きが開始間際の強い上昇トレンドか、それとも上昇力が衰えた
値動きか、よりクリアに判断できるようになります。

その時、機能している主役のMAを探そう

　図3-21は、2022年8月31日から9月5日のポンドオージーの5分足チャートです。多数の箇所で、ローソク足が75SMAの存在に過敏に反応していることが分かります。

　赤い丸で囲んだところでは、75SMAがローソク足の下落を止める**サポート役**として機能しています。

　反対に、グレーの丸で示したところでは、75SMAがローソク足の上昇を阻む**レジスタンス**になっています。

　ゾーン①では、急騰後に急落したローソク足が75SMAを割り込んでさらに下落が加速。いったん上昇に転じたものの、既に下向き

図3-21　75SMAがサポートやレジスタンスとして働く具体例

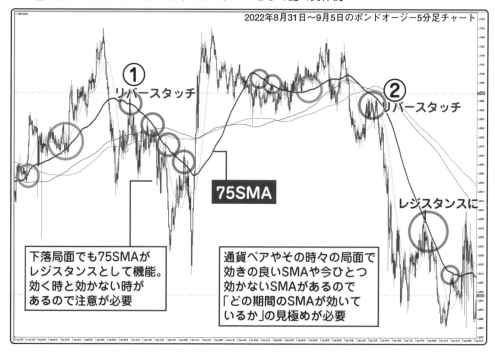

2022年8月31日～9月5日のポンドオージー5分足チャート

① リバースタッチ

② リバースタッチ

75SMA

レジスタンスに

下落局面でも75SMAがレジスタンスとして機能。効く時と効かない時があるので注意が必要

通貨ペアやその時々の局面で効きの良いSMAや今ひとつ効かないSMAがあるので「どの期間のSMAが効いているか」の見極めが必要

に転じた75SMAに跳ね返されて反転下落。**リバースタッチ**が発生
しています。

　その後のジリ安局面でも、75SMAがレジスタンスとして、効い
ているのが分かりますね。

　一方、②のゾーンでは、長らく天井圏で横ばい推移した後、ダブ
ルトップ気味に急落。いったん反発したものの、こちらも75SMA
にリバースタッチした後、下落に拍車がかかっています。

　この図は主役が75SMAだった例ですが、その時々でどのSMAや
上位足SMAがチャート上で一番機能しているかを、チャートから
見つけて注目してください。

📱 値動きの変化の初動を察知できる 20SMA

　Rionチャートで最も期間が短く、ローソク足につられて一番素
早く動き始めるのが20SMAです。

　20SMAは相場の変化にいち早く反応するので、**エントリーや利
益確定、損切りの根拠として早期判断に適している**と思います。

　次ページの**図3-22**は、先ほどの75SMAを表示した図3-21とほぼ
同じ期間のポンドオージーの5分足チャートですが、特徴的な
20SMAの動きに注目しましょう。

● **エントリーする時は、5分足チャートでローソク足が20SMAの
　反対方向に抜ける動きを最低限待つ**

● **20SMAと75SMAのゴールデンクロス、デッドクロス、リバ
　ースタッチなどにも注目してみる**

　このように私は20SMAを使っています。

　185ページの**図3-23**は図3-22の値動きの一部分を拡大したもの
です。左側の**A**の値動きは上昇トレンドが小休止している時の状態

図3-22　20SMAの動きから相場の流れを読む方法

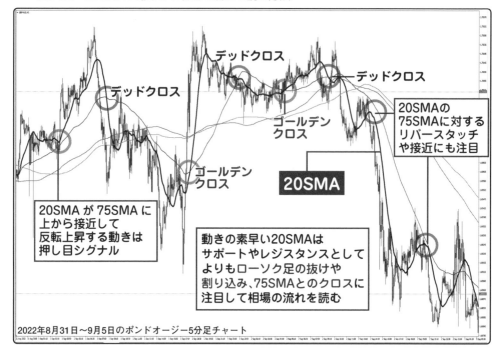

図3-22の中のラベル：

デッドクロス

デッドクロス

デッドクロス

ゴールデン
クロス

ゴールデン
クロス

20SMAの
75SMAに対する
リバースタッチ
や接近にも注目

20SMA が 75SMA に
上から接近して
反転上昇する動きは
押し目シグナル

動きの素早い20SMAは
サポートやレジスタンスとして
よりもローソク足の抜けや
割り込み、75SMAとのクロスに
注目して相場の流れを読む

20SMA

2022年8月31日〜9月5日のポンドオージー5分足チャート

です。

　20SMAがローソク足に素早く反応して横ばいから下向きに転換しましたが、75SMAは依然として上向き。ローソク足は75SMAをサポート役に再び勢いよく上昇しています。

　20SMA自体も75SMAとデッドクロスすることなく、反転上昇しています。20SMAは動き出しを見るのには使えますが、それ単品で相場が動いたとは判断しないようにします。

　図3-23のBは相場の天井圏から下降トレンド入りする時の20SMAの動きです。

　ローソク足がダブルトップを形成する過程で2度、陰線で20SMAを勢いよく下に抜けています。

　この「ダブルトップ＋20SMAを大陰線で下抜け」は天井圏から

図3-23　20SMAから相場の流れを読む方法の具体例

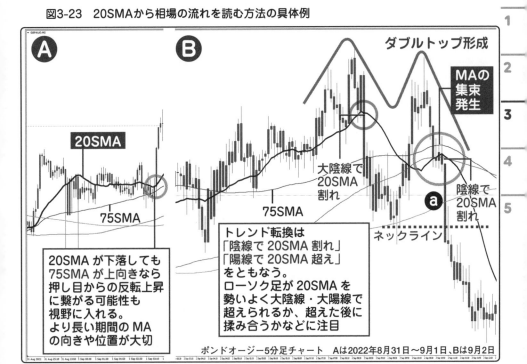

ポンドオージー5分足チャート　Aは2022年8月31日～9月1日、Bは9月2日

下降トレンドに転換する際の初動シグナルです。

その過程で20SMAは75SMAとデッドクロス。いったんローソク足は上昇していますが、20SMAは75SMAを上抜け出来ず、その後、ローソク足も勢いよく下落しています。

図3-23のBの急落前には、20SMA、75SMAに加えて200SMAや1時間足ミドルも非常に近いゾーンに集束しています。そこに大陰線aが出現し、20SMAが一気に下方向に拡散しています。

SMAの集束＆拡散において、真っ先に拡散し始めるのが20SMA。**20SMAの急速な拡散**は「一番早く仕掛けることが出来て、損切りによる損失を最も小さく出来る」ショートエントリーのポイントです。

図にはありませんが、もし、この急落の後、ローソク足が

20SMAを上抜けして、立派な陽線として実体が確定し、次の足が20SMAの上に乗って上方乖離が始まったら、いったん逃げるほうが無難です（恐らく20SMAあたりでの利確は無理。スプレッド〔買値と売値の差額のこと〕分、負けます）。

その後、落ちる場合もありますが、逃げておけば大きく負けることは避けられます。

20SMAはローソク足の動きに素早く反応し、ローソク足を追いかけて動く**「影」のような存在**です。傾きも大切ですが、ローソク足との位置関係、**ローソク足が20SMAをまたぐ動き**にも注目しておきましょう。

例えば、20SMAをローソク足がまたぐ時、大陰線で突き抜けるのか、それとも小陰線や下ヒゲのある陽線で抜けるのかで、その後の値動きはかなり違ってきます。

慣れてくると「この動きはおかしい」というのが分かるようになり、20SMAを表示させている意味も理解して頂けると思います。

🅕🅧 MAをフル活用したトレードの流れ

私は**1分足も駆使して、5分足のダブルトップ完成前の上ヒゲなどでもエントリー**するのが好きで、成功率も高いです。

しかし、初心者の方はまず5分足の20SMAが教えてくれるポイントでショートエントリーが出来るようにして行きましょう。もちろん、SMAがどこでも使えるわけではなく、あくまで、その位置が上位時間足で意識されたレジスタンスであることが条件です。

SMAを使ったトレードの手順は**図3-24**の①〜⑥のようになります。

その手順は、

① **ダブルトップなどで上げ止まりを確認**

図3-24　MAを活用したトレードの手順

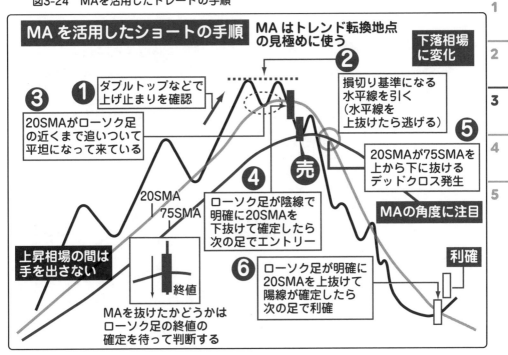

② **ダブルトップの高値などに損切りラインを引く**

③ **高値圏で20SMAが平坦になるのを確認**

（ただし、ローソク足がいきなり上向きの20SMAを割り込むV字型の急落パターンや、逆に横ばいの20SMAを挟んで揉み合った後に再上昇するパターンもあるので注意）

④ **20SMAを大陰線などで明確に下抜けたらエントリー**

⑤ **20SMAと75SMAのデッドクロスを確認**

⑥ **ローソク足が20SMAを明確に上抜けたら利益確定**

となります。

　次ページの**図3-25**は2022年9月30日から10月3日のポンドオージーの5分足チャートです。10月3日のTYO時間の午前中に下降トレンドへの転換が起こった時の値動きです。

図3-25　図3-24のショートエントリーの手順の実践例

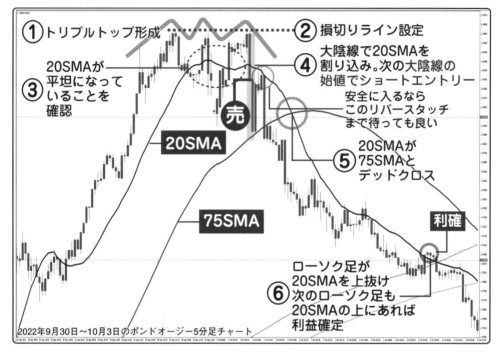

① トリプルトップ形成　……　② 損切りライン設定

③ 20SMAが平坦になっていることを確認

④ 大陰線で20SMAを割り込み。次の大陰線の始値でショートエントリー

安全に入るなら
このリバースタッチ
まで待っても良い

売

20SMA

75SMA

⑤ 20SMAが75SMAとデッドクロス

利確

⑥ ローソク足が20SMAを上抜け
次のローソク足も20SMAの上にあれば利益確定

2022年9月30日～10月3日のポンドオージー5分足チャート

　上昇が続いたポンドオージーですが、高値圏で3度高値をつけて**トリプルトップ**を形成（①）。高値を結んだラインを損切りラインに設定します（②）。これまで右肩上がりだった20SMAはトリプルトップをつける過程で平坦になっています（③）。その後、④の地点で、大陰線2本が出現し、勢いよく20SMAを下抜けました。ここがショートエントリーのポイントになります。

　いったん20SMAまで上げたものの、反転下落。20SMAやトリプルトップの途中安値に対する**二重のリバースタッチ**が起こっているので、安全に入るなら、ここでも良いと思います。

　その後、ローソク足は75SMAも下抜けました。下落が加速する中で、20SMAと75SMAがデッドクロスしました（⑤）。

　20SMAの角度が下向きなら、そのままショートポジションをキープ。何度か20SMAまで戻っていますが、次のローソク足が陰線

で再び20SMAを割り込んでいるのでキープ。**20SMAを上抜けて陰線ながら20SMAの上で横ばいになった⑥**でいったん利益確定します。④の20SMA割れでエントリーして、⑥の20SMA上抜けで利益確定した場合、**120pips以上の利益**を得ることが出来ます。

- **20SMAの角度が下向きなら強気でホールド**
- **ローソク足が20SMAを上に突き抜けてしまったらクローズ（ポジションを決済すること）**

このように20SMAを使いますが、こんなに最後まで粘らなくても自分で満足できたら、もっと早い利確でも良いと思います。

5分足チャートを過去にさかのぼって行けば、天井圏でダブルトップ、トリプルトップ、ヘッド＆ショルダーを形成して、このように下落するケースはたくさん登場します。

次ページの図3-26のA〜Cのチャートのように、

A…ダブルトップ形成後になかなか下落せず横ばいが続くケース

B…SMAが集束し、トリプルトップ形成かと思ったら、その後、いったん急騰した後、急落する難解なケース

C… 右肩下がりのトリプルトップ形成かと思ったら単純な上昇トレンド中の保ち合い相場に過ぎなかったケース

といった**フェイクも多発**します。

FXではフェイクは当たり前のように出て来ます。

Aの場合はダブルトップでいったん急落しているので利益確定が可能です。下落が続かずレンジ相場で推移した後、レンジ相場の下限を明確に下抜けするまで待つか、75SMAタッチで入り直せるかと思います。

Bはネックラインを割り込んでいないのでトリプルトップは完成していません。もし3度目の高値をつけた後に20SMAを割り込んだところでエントリーした場合、75SMAを上抜けしたところで撤退すれば、薄利は得られたと思います。

Cはきれいな右肩上がりの75SMAや200SMA、1時間足ミドルに

図3-26 20SMAの動きがフェイクになるケース

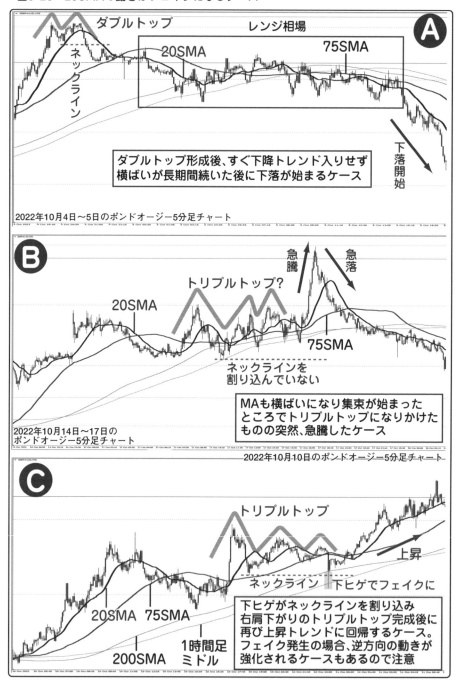

A

ダブルトップ

レンジ相場

ネックライン

20SMA

75SMA

下落開始

ダブルトップ形成後、すぐ下降トレンド入りせず
横ばいが長期間続いた後に下落が始まるケース

2022年10月4日～5日のポンドオージー5分足チャート

B

20SMA

急騰

急落

トリプルトップ？

75SMA

ネックラインを割り込んでいない

MAも横ばいになり集束が始まった
ところでトリプルトップになりかけた
ものの突然、急騰したケース

2022年10月14日～17日の
ポンドオージー5分足チャート

2022年10月10日のポンドオージー5分足チャート

C

トリプルトップ

上昇

ネックライン　下ヒゲでフェイクに

20SMA　75SMA

200SMA

1時間足ミドル

下ヒゲがネックラインを割り込み
右肩下がりのトリプルトップ完成後に
再び上昇トレンドに回帰するケース。
フェイク発生の場合、逆方向の動きが
強化されるケースもあるので注意

注目すれば、いまだ上昇トレンド継続と判断できます。つまり、トリプルトップというシグナル自体がまだ成立しているとは言えません。

　先ほど見た、きれいな例をいつも思い描いてしまうと、今見たA～Cのケースのようなフェイクの時、逃げるタイミングが遅れます。

　ショートに絞ったエントリーがお好きなら、5分足チャートをたくさん見て、**天井圏から下降トレンドへ転換するパターン**をなるべく多くインプットしておいてください。

　ロングエントリーの場合は、大底圏から上昇トレンドへ転換する様々な値動きパターンを頭に焼きつけて、「この場合はこう対処する」とあらかじめ対処法を考えておきましょう。

FX リオン式ゾーントレード準備編

　ここからは「**リオン式ゾーントレード**」とは何か、**本書の核となる部分**について解説して行きます。

　ゾーントレードの考え方の根底にあるのは「**値動きはレンジ相場とトレンド相場を繰り返す**」というものです。

　次ページの**図3-27**はポンドオージーをはじめ、様々な通貨ペアの2013年10月から2022年9月までの長期週足チャートです。

　レートは2国間の力関係で決まって行きます。強い国の通貨が上昇し、弱い国の通貨は下落します。

　その上昇や下落の間にも、値動きが一定の値幅内で揉み合っている時期があるのは分かりますよね。

　一般的に**為替相場の約70％はそういったレンジ相場、残りの約30％が一方通行の上昇や下落が続くトレンド相場**と言われています。

　約70％のレンジ相場は、トレンドが出ていなくて取引しづらい

図3-27 様々な通貨ペアの2013年10月～2022年9月の週足チャート

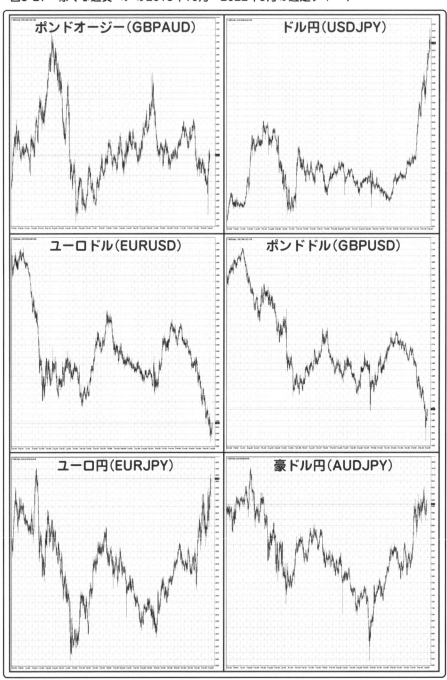

から見送りという判断もあります。

でも、「トレンドとトレンドを、レンジが繋いでいる」のだから、リオン式ゾーントレードでは**レンジ相場の頭から次のトレンド開始を狙って**行きます。

そうすると、成功した場合、

「レンジの値幅＋次に始まったトレンドの終わり」

までを獲ることが出来ます。

私が目指しているのは常にそこです。

FX 果敢にショートを入れて行くための基本戦略

では、**様々な値動きの中でどのようにショートして利益を得て行くか、リオン式ゾーントレードの手順を解説して**行きましょう。

次ページの**図3-28**は2022年7月18日から8月4日までのポンドオージーの1時間足チャートです。

レンジ相場に入った状況からショートが狙えそうな場面は、

● 下げ相場の中で**中段保ち合いが起こってから再び下げが加速して**いる①のような場面

● 下げ相場の中で、75SMAや4時間足ミドルに絡みついて、**右肩下がりのレンジ相場が続いている**②のような局面

②の後は、下げトレンドが加速せず、上昇相場に転換しています。

● その後、急騰して上昇トレンドが継続しそうになったところで、**ダブルトップをつけて天井圏から下落に転じて行く**③の局面

③のような上昇トレンドの天井圏からいち早くショートエントリーを狙って行くのが、リオン式ゾーントレードの真骨頂です。

むろん急上昇後、いつ下降トレンドに回帰するのか、もしくはそのまま上昇トレンド入りしてしまうのかは誰にも分かりません。

そんな場合は、現状の高値を**「最高値」**ととらえ、そこを超えた

図3-28　ショートでエントリーする基本的なポイントと手順

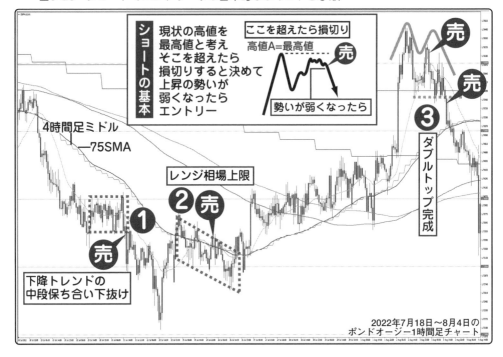

ら損切りと設定して、「上昇の勢いが弱くなった」と感じたら、果敢にショートエントリーします。

　まだ、上位時間足に明確な下げの示唆が出ていない場合、「下がらない」と判断したら、薄利で逃げます。しかし、このトライは2回ぐらいが限界かと思います。

FX 天井圏のダブルトップをゾーンで攻略する方法

　図3-28の③のダブルトップ形成付近を拡大したのが**図3-29**の1時間足チャートです。ダブルトップの最初の高値をつける過程では細かい高値を2度つけており、こちらもひとつの小さなダブルトップと見なすことが出来ます。

図3-29　1時間足チャートで見る天井圏のダブルトップ攻略法

そこに出現した高値や安値を使ってゾーンを設定し、ショートを
狙って行きます。いわばダブルトップ完成前から早めに仕掛けて行
く形です。

まずはMAの並びに注目しましょう。

図の左側の上昇局面では、大陽線aが出現。それまでのレンジ相
場の上限をブレイクし、急上昇が続きました。

ただし、MAの並びは一番上に週足ミドル、次に日足ミドル、そ
の下に4時間足ミドルなので、長い目で見ると、この上昇は下降ト
レンドにおける反発局面。ようやく**週足ミドルの上にローソク足が
乗っかった状態**です。

そういう意味でも、高値をつけて下げ始めたらまずは打診でショ
ートを狙って行きたいところです。

そこで、1時間足チャートが形成されるごとに**気になる高値に水**

平線を引いて行きます。

　図では最高値をつけた陽線bとその次に出た陰線cの上ヒゲがほぼ同じレベルで並んでいるので、そこに**高値ラインA**を引きます。

　このラインAは「ここを上回ったら**上昇継続の可能性があるので絶対損切り**」というラインになります。

　この高値を上限に、それより下に出来た高値にも水平線を引き、2つのラインで挟まれた空間を**「ゾーン」**ととらえます。その後、ゾーンの中に入って来た**ローソク足がゾーンの中でどう動くのかでエントリーを検討して行くのがリオン式ゾーントレード**です。

「線」ではなく、もう少し広めの「幅」で売買戦略を組み立てて行きます。

　図3-29の場合、高値Aをつけた後、それよりも低い位置で高値Bをつけ、小さなダブルトップを形成。

　高値Aと高値Bのラインに挟まれた価格帯、高値AやBとダブルトップの中間安値Cのラインに挟まれた価格帯が今後、ショートエントリーするゾーンになります。

　図の場合、その後の**レンジ相場**においては高値がどんどん切り下がって、一度も高値Bを上回っていません。逆にプチダブルトップの中間安値C（ネックライン）とその下に位置する週足ミドルに挟まれた間を横ばいで推移しています。

　そこで高値BとネックラインCに挟まれた価格帯を新たなゾーンに設定。そのゾーンにローソク足が入って来たらショートエントリーを狙います。

　具体的には①の上ヒゲ陰線や②の上ヒゲ陰線などが、ゾーンを意識したショートエントリーのポイントになります。

1

2

3

4

5

🍀FX 高値圏をゾーンでとらえて チャンスを逃さない

　為替相場というのは行き過ぎることもあれば、届かないこともあります。レンジの上限ラインを設定して、そこまで来たらショートと決めていても、届かないで下げるケースもあります。

　私個人の分析ですが、その比率は**「届かない2割、ほぼピッタリ1割、超えてくる7割」**（2022年リオン調べ）です。

　そこでレンジ相場の高値圏を線（ライン）ではなく、幅（ゾーン）として幅広くとらえて、その**ゾーンの中で上ヒゲの長い陰線など弱いローソク足が出現**したら、とりあえず**打診売り**してみることでチャンスを逃さない（**図3-30**）。それが値動きをゾーンでとらえ

図3-30　ゾーントレードの考え方

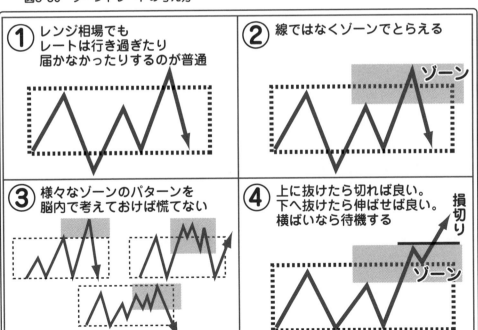

る利点です。

　もし、そのゾーンの上限を上に抜けたら損切りすることになりますが、下に抜けたら、そのまま利益を伸ばして行きます。

　横ばいが続くならポジションを保有したまま待機します。

　ゾーンの内や外でどういった動きをするかをあらかじめ考え、「こうなったらこうなりやすい。だけど、こうならないなら危ない」などとシミュレーションしておきます。

　レートの上昇がピークを打ってレンジ相場に移行する時は、高値をつけた後に下落したものの、一気に下がらず、ある安値ラインで下げ止まることになります。

　そのため、1時間足チャートで象徴的な高値をつけた後は、レンジ相場入りすることを視野に、レンジ相場の下限がどこになるかの目安も見つけておきます。

🄵🅇 具体的なゾーン設定の方法とは？

　先ほどの1時間足チャートのダブルトップ形成時のゾーン設定方法をより細部にわたって具体的に見て行きましょう（**図3-31**）。

　ポンドオージーは第1高値A、プチダブルトップの第2高値Bをつけた後、一時的に1.76豪ドルも割り込んで下落。週足ミドルに十字線aの下ヒゲがタッチして下げ止まりました。

　その後、週足ミドルがサポートラインになって横ばいで推移。

　十字線aの下ヒゲの最先端が「どうもレンジ相場になった場合の下限ラインになりそう」ということが分かりました。

　そこで、十字線aの下ヒゲ先端を起点に、天井圏でのレンジ相場の安値ラインCを引きます。

　第1高値ラインAとこの安値ラインCに挟まれた仮のレンジが決まりました。いったんレンジが決まったら、そのレンジで推移することを前提に高値に達したらショートを狙っていきます。

図3-31　頂点からの下落局面で具体的なゾーンを設定する方法

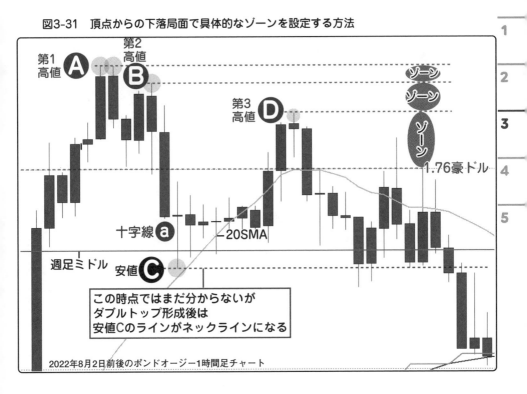

2022年8月2日前後のポンドオージー1時間足チャート

レンジ相場の第1高値ラインAと安値ラインC以外には、第1高値Aとプチダブルトップを形成した第2高値ラインBやプチダブルトップの中間安値ライン（図3-29のラインC。ほぼ1.76豪ドルのキリ番と重なっている）などを意識します。さらに値動きが続いてダブルトップの第3高値ラインDが形成されたら、そこにもラインを引くことで、値動きに合わせて「補助的なレンジ上限」を次々に設定して行きます。

　そして、それぞれの値幅をゾーンと考えて、その上限・下限に対する値動きの反応でショートエントリーの判断を行います。

　第3高値ラインDから安値ラインCまでは遠いので、その間のキリ番1.76豪ドルでゾーンを分けても良いでしょう。ゾーンの設定は自分流でかまいません。

FX 5分足チャートに移行して ショートエントリー

具体的なエントリーポイントは5分足チャートを見て決めて行きます。

図3-32は図3-31の1時間足チャートのゾーンやレンジの上限・下限を反映した5分足チャートです（2022年8月2日から8月3日）。

5分足にすると、**左側の高値A**と**ダブルトップの安値ラインC**に挟まれたゾーンがまず設定できます。この間の値幅は約100pipsです。ダブルトップの高値Bと安値ラインCのゾーンの値幅は約92pipsになります。

どの高値ライン・安値ラインの間が有効なゾーンになるかはその

図3-32　1時間足で設定したゾーンを元に5分足でエントリーポイントを探す方法

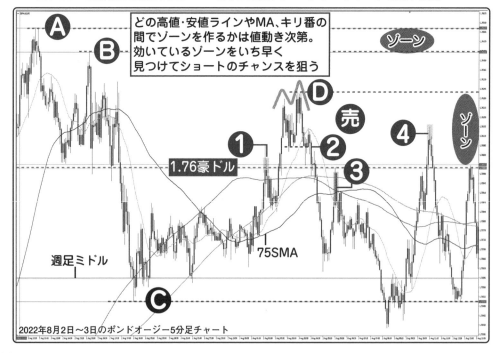

どの高値・安値ラインやMA、キリ番の間でゾーンを作るかは値動き次第。効いているゾーンをいち早く見つけてショートのチャンスを狙う

1.76豪ドル

売

週足ミドル

75SMA

2022年8月2日～3日のポンドオージー5分足チャート

後の値動き次第です。

　この図の場合、週足ミドルやダブルトップの**安値Cを下限、高値ラインDや1.76豪ドルを上限にしたレンジ相場**が続きました。

　つまり、高値ラインDと1.76豪ドル、1.76豪ドルと週足ミドルや安値ラインCの間を有効ゾーンととらえ、レートがゾーンの上限に達したらショートエントリーのチャンスを狙います。このあたりのゾーン設定と売買戦略は値動き次第で**機敏に変えて行く必要**があります。

　また、ゾーンの上限を抜けない限り、損切りしないわけではありません。ゾーン内でショートエントリーしたものの、ローソク足の形状や値動きの勢いから見て上昇の勢いが強いと判断した場合は、素早く損切りして逃げます。

　図3-32の場合、ショートエントリー出来るポイントには、

- いったん下落した後、安値Cと1.76豪ドルのゾーン上限を抜けて上ヒゲをつけた①
- 高値Dを上限にしたゾーンが確定した後、ダブルトップをつけてネックライン割れした②
- 高値Dと1.76豪ドルのゾーンまで届かなかったものの、キリ番1.76豪ドルの下で大陽線の後、大陰線が出現した③。ちょうど75SMAを割り込んだあたりでショートエントリー
- その後、高値Dと1.76豪ドルのゾーンに戻ったものの、上ヒゲをつけて下げた④

などがあります。

　高値圏でレンジ相場が続くと、**MAが横ばい**になり、やがて下げに転じ、期間の違う**MAの集束**が発生します。

　そうなって来ると、上昇相場がピークをつけて下降トレンド入りする可能性が高まるので、ゾーントレード以上に精度の高いショートエントリーが可能になります。

さらに5分足チャートを先に進めてみましょう（図3-33）。

天井圏でレンジ相場が続いた後に下落する場合、今度は**レンジ下限のサポートラインを割り込むか割り込まないか**の攻防になります。

この図では、ダブルトップの中間安値C以外に週足ミドルが下値を支えるサポートラインとして機能していました。

- まずは1.76豪ドルのキリ番に跳ね返されて反転下落した高値①のポイント
- 下落後、いったん1時間足ミドルや200SMAを上抜けたものの大陰線aで集束したMAの束を割り込んだ②のポイント

などが、**レンジ相場から下降トレンドに移行する過渡期**のショー

図3-33　ゾーン下限を割り込んだ後の動きからエントリーポイントを探す方法

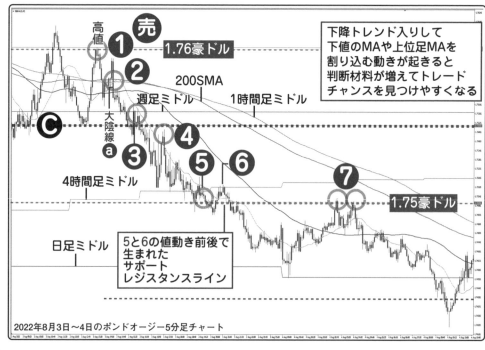

トエントリーのポイントになります。

その後、週足ミドルやレンジ相場の下限ラインCといった、これまでの高値レンジ相場のサポートラインを次々に割り込んでいきます。そうした**サポートラインの割り込み**、いったん反発して、そのサポートラインまで戻ったものの跳ね返される**リバースタッチ**を狙って、ショートエントリーのポイントを探しましょう。

相場が天井圏にある時はローソク足にMAが追いついていないので、MAをトレード判断には使えません。その時につけた**最高値やその後の高値・安値などにラインを引いて、ゾーンを作ってトレード判断**する以外ありませんでした。

しかし、下落が進んでローソク足がSMAや上位足ミドルまで下がって来たら、ゾーンを作るまでもなく、**SMAやキリ番、上位時間足の重要なサポートやレジスタンスを頼りにしてトレード判断**ができるようになります。

図3-33の場合、具体的には、

● 週足ミドルに跳ね返された③

● レンジの下限ラインCまで届かず、上ヒゲを残して下落した④

　さらに下落が続いて、

● 下値にあった4時間足ミドルを割り込んだ⑤

● 4時間足ミドルに上ヒゲでリバースタッチした⑥

● ⑤と⑥の値動き前後で生まれた小さなサポートレジスタンスライン（ちょうど1.75豪ドルとも重なっている）に2度にわたって跳ね返された⑦

　など、既にMAが1か所に集束した後、**大きく下方に向かって拡散している本格的な下降トレンド**の場合、狙えるポイントはたくさんあります。

FX 上位足ミドル間は 「ミドルTOミドル」と考える

　図3-33の一部を拡大した**図3-34**を見ると、下落が続いたポンドオージーは、①の地点（8月4日TYO時間朝6時20分頃）で**日足ミドルに下ヒゲ陰線と陽線の2本でタッチ**して上昇に転じています。

　こういった上位足ミドルでの明確な下げ止まりが起こった時は、下降トレンドがいったん休止したと考えておきます。

　この象徴的な下ヒゲ2本で、ポンドオージーの下げの勢いは弱まり、今後は**日足ミドルを下値に、右肩下がりの75SMAやその上にある4時間足ミドルを上値**にした下降トレンドの中段保ち合い相場に入る可能性があります。

図3-34　リオン式「ミドルTOミドル」の考え方と具体例

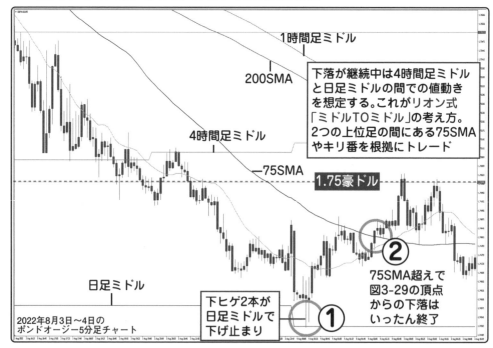

1時間足ミドル

200SMA

4時間足ミドル

―75SMA

1.75豪ドル

下落が継続中は4時間足ミドルと日足ミドルの間での値動きを想定する。これがリオン式「ミドルTOミドル」の考え方。2つの上位足の間にある75SMAやキリ番を根拠にトレード

②

75SMA超えで図3-29の頂点からの下落はいったん終了

日足ミドル

下ヒゲ2本が日足ミドルで下げ止まり

①

2022年8月3日～4日のポンドオージー5分足チャート

　75SMAを超えて上昇に転じた②の地点で、ここまで見て来た天井圏の最初の高値Aからのゾーントレードは終了となります。

　ここまでの図からも分かるように、ローソク足は週足ミドルと4時間足ミドルに挟まれた空間、4時間足ミドルとその下にある日足ミドルに挟まれた空間という「ミドル TO ミドル」を節目にして下落を続けています。その過程では、各上位足ミドルにリバースタッチする動きや上位足ミドルがレジスタンスやサポートとして機能する場面が見られます。

　下降トレンド継続中は、**上位足ミドルに挟まれた空間**をゾーンとしてとらえ、その中での値動きからチャンスを探って行きます。

　週足ミドルを割り込んで4時間足ミドルに達するまでが下降トレンドの第1ステージ、4時間足ミドルを割り込んで日足ミドルに向かうのが第2ステージ、というようにステージを分けて考えます。

　スイングトレードで何日もポジションを持つトレードスタイルではありませんので、待てば全部獲れるのだとしても、ミドルからミドルまでを1トレードの目標に設定して、ミドル到達時のローソク足で利確を検討する。

　これが「ミドルTOミドル」の考え方です。

　上位足のミドルにタッチした時の値動きを注意深く観察して、**「ミドルから自分とは逆方向のエントリーを狙っている人が必ずいる」**ということを考えてトレードしてみてください。

🍀FX リオン式ゾーントレードのまとめ

　リオン式ゾーントレードの手順をもう一度簡単にまとめると、ショートの場合、

1　上昇局面の最終段階でつけた**最高値やその下の高値・安値から**
ゾーンを設定

2 ゾーン内まで上昇したらショートを検討し始める

3 ゾーンを上抜けたら損切り、ゾーンを下抜けたら自分が頑張れる範囲でホールド

4 下落が続いた場合はゾーンの下限割れやリバースタッチでさらに追加ショート

5 SMAが集束から拡散に転じて下降トレンドが本格化。ローソク足の上にあるMAタッチや小さなレンジ相場の下抜けなどを目印にショートを入れる

6 上位足ミドルにタッチしたり割り込んだりした時は下げの雰囲気が変わる可能性が高いので注意

7 どんな下げ相場もいつかは終わる。下げが一定期間続いた後はリバウンド上昇に警戒

といったものになります。

相場が天井を打ったところから下降トレンドへの転換を見越してショートして行くので、損切りは明確で小さめに出来て、もし天井ゾーンからさらに下へ崩れ、本格的な下降トレンドが始まれば大きな値幅を獲れます。

「トレンドが完全に転換してから入りましょう」というのが王道なのは分かるのですが、私が目指しているのは下落当初のフレッシュな下げの勢いも獲れる「誰よりも早い順張り」です。

勝率を上げ、狙う利幅を大きくするのなら、この方法が一番だと思います。

●利益が少しでも乗ったら、なるべくプラスマイナスゼロで撤退できるように注意しておく

●決めたゾーンの上限を超えてリバウンドしてしまったら早めに損切りして傷を深くしない

ここが守れれば大丈夫です。

FX リオン式「ヒゲハント」の極意

　上がり続ける相場を見つけたら「この高値で**天井を打って、後は下げるだけの展開**になるかもしれない」と少しワクワクするところから、リオン式ゾーントレードの魅力である**「ヒゲハント」**は始まります。

　上げ続ける相場にあえて立ち向かうわけですから、**必ず「下がる示唆」を確認**してから入ります。そこがたとえ**月足、週足レベルのレジスタンスであったとしても**今回も上げ止まる、とは限らないのが相場です。

　焦らず、フライングしないで、だけど時に素早く大胆に。

　そして止まらなかったら瞬時に逃げる。

　そんなリオン式「ヒゲハント」の極意をご紹介して行きますね。

　最低でも1時間足、基本的には**4時間足、日足、週足チャートでローソク足が何度も跳ね返されているレジスタンス、キリ番**など「重要なターゲット」をあらかじめ見つけておく。

　そのターゲットに近づいただけでは決してショートしない。そのターゲットをいったん超えて上昇が止まったら、そこを**「仮の頂点」**とする。**ターゲットだったラインと、そこを超えて出来た仮の頂点（高値）の間**をゾーンと見なす。

　設定したゾーンの下限を割り込んだり、いったん下回った後に再び上昇してゾーンに入り、そこからまた下がり始めたりしたところでショートエントリーする。

　5分足チャートで陰線が一度も出ていない状態では絶対に入らない。仮の頂点を超えてしまったら必ず損切りする。

　仮の頂点になるローソク足は**上ヒゲの長い陰線**がベスト。陽線でも上ヒゲが長ければターゲットになる。ただし、大陽線の場合、その高値は仮の頂点とは見なさず、5分足チャートで次の展開を観察

する。

　といったことが注意点になります（**図3-35**）。

　慣れないうちはロット数を半分にしたり、許容できる損切り総額を超えないように、トレード本数や損切りライン、利確幅を調節したりするなど、決して無理はしないでください。

　恐らく何度かは失敗します。何度でもトライ出来るようにロットはかなり落としてください。でも、このヒゲハントが合っている**ハンター体質**の方には強い武器になります。

Ⓕ ゾーンを設定して「ヒゲハント」の具体例

　図3-36は、2022年6月17日から7月6日のポンドオージーの4時

図3-35　リオン式「ヒゲハント」でショートするまでの手順と注意点

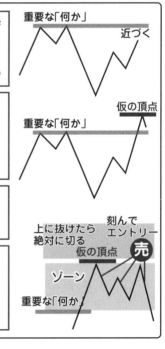

① 最低でも1時間足、基本は4時間足以上の上位足で何度も跳ね返されたレジスタンスまたはキリ番など重要ターゲット（「何か」）を見つける。今後、値動きがその「何か」を超えてくるのを待つ

② ターゲットを超えて5分足で陰線が確定したらその上ヒゲの先端を「仮の頂点」に設定する。陽線の場合はまだ上がる可能性があるのでパス。上ヒゲ陰線が理想的。1分足で見た時にダブルトップになっていたら、さらに良い

③ 陰線が1度も出ていない状態では絶対入らない。仮の頂点を超えて陽線が確定したら必ず切る。この2つが絶対ルール

④ 決めた重要な「何か」から仮の頂点までがヒゲハントの「ゾーン」の範囲。自分が許容できる範囲なら資金管理をしっかりした上で、投入資金を何度かに分けて段階的にエントリーしてもいい

重要な「何か」　近づく

重要な「何か」　仮の頂点

上に抜けたら絶対に切る　刻んでエントリー　仮の頂点　売　ゾーン　重要な「何か」

間足チャートです。

　図の6月24日の欧州時間にあたる夕方18時につけた高値Aはちょうど右肩下がりの**週足ミドル**と重なり、1.78豪ドルの少し上。

　しかもより長い期間で見ると、ポンドオージーは4月後半から1.78〜1.79豪ドルの高値に何度もトライして跳ね返され、下降トレンドの中段保ち合いを形成。この高値Aはそうした**長期レジスタンスと重なる非常に重要な上ヒゲ高値**になっていました。

　その高値に2022年7月1日の夕方17時10分にトライして出来た上ヒゲが図の高値Bになります。

　高値Aよりほんの少し上昇して上ヒゲ高値をつけています。

　既にTYO時間は過ぎているのでリオンはトレードしていませんが、その時の5分足チャートは次ページの**図3-37**のようになります。

　5分足だけ見ていると強い上昇に見えますが、クローズアップし

図3-36　上位時間足（4時間足）でヒゲハントに使う重要な「何か」を見つける

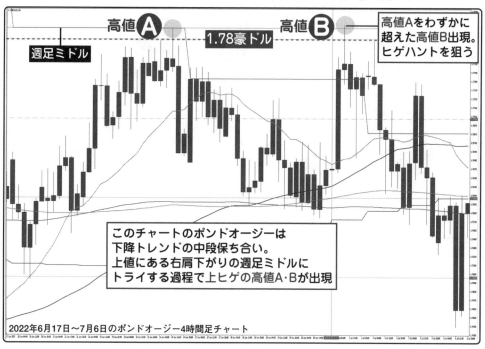

た「頂点」となる陽線aの上ヒゲは、4時間足の高値レジスタンスラインAをたった**4pipsほど超えている**だけ。**高値Bは仮の頂点（高値）としてピッタリ**です。

そのわずか下には4月以降、何度もブレイクしたものの、結局跳ね返された**キリ番の1.78豪ドル**も控えています。高値Bのラインからキリ番までの距離は約19pips。

どんな強力なレジスタンスになっているキリ番でも、キリ番ピッタリで上昇が急に止まって反転下落することはほぼありません。

経験上、**20～30pips跳ね上がってから下落に転じることが多い**ので、そのくらいの幅、上に飛び出すかもと想定しておきます。

そう考えると、**仮の高値Bからキリ番の1.78豪ドルまでの値幅約19pips**を上値抵抗帯となるゾーンとして見ることが出来ます。

そこまで再度上昇した後、ローソク足がどう動くかが重要で、仮

図3-37　5分足チャートでヒゲハントのショートエントリー

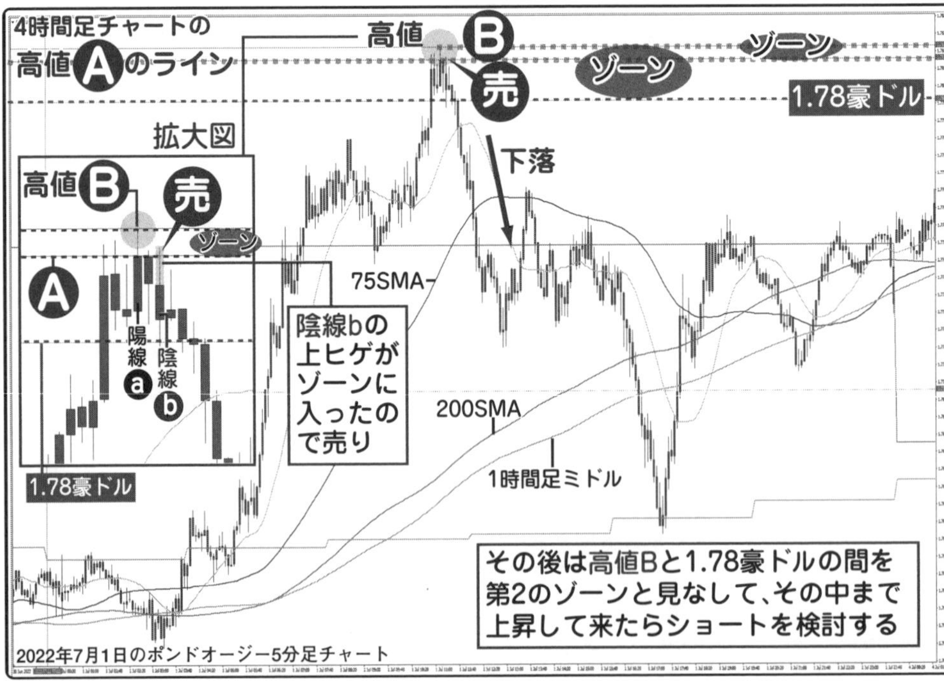

4時間足チャートの
高値Ⓐのライン
高値　Ⓑ　ゾーン　ゾーン
売
1.78豪ドル

拡大図

高値Ⓑ　売
Ⓐ　ゾーン
陽線ⓐ　陰線ⓑ
1.78豪ドル

下落
75SMA

陰線bの上ヒゲがゾーンに入ったので売り

200SMA
1時間足ミドル

その後は高値Bと1.78豪ドルの間を第2のゾーンと見なして、その中まで上昇して来たらショートを検討する

2022年7月1日のポンドオージー5分足チャート

の高値Bの20〜30pips上を損切りラインにして、ゾーンの中まで上昇して来たらショートを検討する、と組み立てておきます。

　クローズアップでは、仮の頂点を形成した陽線aの2本後に出た陰線bの上ヒゲがコアゾーンに突入。ここでショート。

　その後は、キリ番付近で揉み合うこともなく、急速な下降トレンドが続き、もしヒゲハントしていたら大きな利益になっていたポイントです。

「こんな高値で売るなんて怖い」という声も聞こえて来そうですが、この箇所は4時間足チャートで見て、何度も上昇が跳ね返されて来た超強力なレジスタンスラインであり、そのような高値でのプライスアクションを何度も見て頭にインプットして、そして今、きちんと下げる示唆が出たからエントリーが出来るのです。

　普通は、仮の高値Bとキリ番で挟まれたゾーンで上がったり下がったり、もう少し揉み合うケースが多くなります。しかし、この例の場合は長期レジスタンスラインが相当強力だったせいか、大きな戻しもなく一気に急落して行きました。

　このような超高値圏の素早い動きの場合、75SMAや1時間足ミドルなどのSMAやMTFはかなり下の位置にありますので、エントリーの根拠にはなり得ません。

　高値ゾーンに対するローソク足の反応だけを根拠に、エントリーや利益確定、損切りの判断を行います。

🍀FX　ミニトレンドライン活用なら高値圏も怖くない

　以上の理由だけでは不安という方には、ヒゲハントほどの**「超頂点」**を獲ることは出来ませんが、**「ミニトレンドライン」を活用する方法**もあります。

　下にある20SMAを下抜けるのを待って入るよりも早めにエント

リーチャンスをとらえることが出来ます。

　まずは、これまでの上昇局面の安値同士を結んで、斜めにミニトレンドラインを引きます（図3-38）。

　そして、そのラインを下に割り込んだり（図の①）、その後、反発してリバースタッチしたりしたところ（②）でショートエントリーします。図を見ても分かるように、20SMA割れ（③）を待っているより、早い段階でエントリー出来るため、逃げる時も早めに判断できます。

FX 2本のローソク足の組み合わせで ヒゲハントの具体例

　もうひとつヒゲハントの具体例を見ておきましょう。

図3-38　ヒゲハントの次に早い「ミニトレンドライン」を使ったショートエントリー

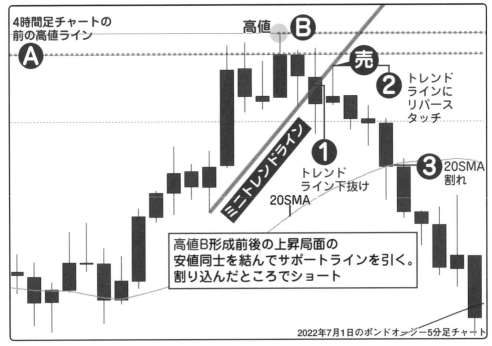

4時間足チャートの
前の高値ライン
Ⓐ
高値　Ⓑ
売
②　トレンドラインにリバースタッチ
①　トレンドライン下抜け
20SMA
③　20SMA割れ
ミニトレンドライン

高値B形成前後の上昇局面の
安値同士を結んでサポートラインを引く。
割り込んだところでショート

2022年7月1日のポンドオージー5分足チャート

　　ヒゲハントといっても、上ヒゲの長い1本のローソク足だけを狙うわけではありません。**2本のローソク足を1本に合体**して見ると、非常に上ヒゲの長いローソク足と見なせるケースもあります。

　　図3-39は2022年8月18日〜19日、下降トレンドが続いたポンドオージーの5分足チャートです。

　　19日朝6時のTYO時間開始直後からは、緩やかな反転上昇が続きましたが、上値に右肩下がりのSMAや4時間足ミドルがあって、そこまで上昇したら戻り売りを狙いたい場面です。

　　10時半頃、大陽線aで4時間足ミドルを突き抜けたものの、次の大陰線bがすぐに割り込むという、**2本の非常に象徴的なローソク足の組み合わせ**が登場しました。

　　この2本を1本にまとめて見てみると、図3-39の拡大図に示したように非常に上ヒゲの長い陽線になります。

図3-39　ヒゲハントの具体例　下降トレンドの戻り売り

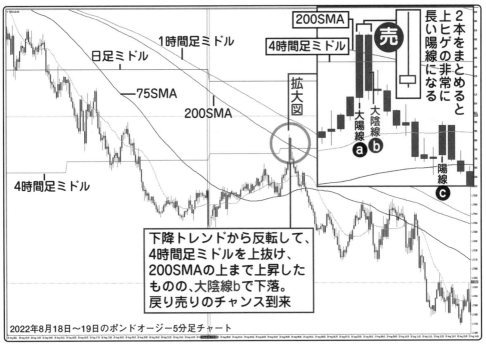

2本をまとめて考えると、下げ相場の戻り局面で、**上ヒゲが非常に長いローソク足**が、4時間足ミドル、下向きの200SMAに跳ね返されたことになります。

　そのため、かなり高確率な戻り売りポイントになりました。

　大陰線bが4時間足ミドルを割り込んでから、cの陽線で反転上昇するまでの下落幅は30pips近くあります。

　この局面はローソク足が反転上昇過程で4時間足ミドルや200SMAに到達したものの、その上には1時間足ミドルや日足ミドルもあって**手ごわいレジスタンス**になることが多いので、ショートエントリーしやすい場所だったと思います。

　4時間足ミドルから大陽線aの上ヒゲ高値までの距離は約9pips。たとえ、上ヒゲの10pips上（ちょうど1時間足ミドルの位置するあたり）で損切りしても傷は浅く、損切り位置も分かりやすいと思います。

　図3-39のような、**反転上昇が複数のSMAや上位足ミドルで阻まれる局面**は下げ相場でよく見られます。

　図の形を覚えておくと良いかと思います。

　ヒゲハントの最大の利点は、損切り幅は小さく、予想通り頂点をつけて下落した時の利益を大きく伸ばしやすいことです。

　MA下抜けでエントリーした場合、例えばMAの上にある直近高値を損切りラインに設定すると、損切りまでの値幅がどうしても大きくなってしまいます。それに比べると、ヒゲハントは損切り幅を狭く出来るので、きちんと損切り出来ることが大前提ですが、安心度は高いエントリーです。

　自分の性格に合った、利益を出しやすい手法を選んでくださいね。

🅕🅧 1分足で高値圏の上昇衰退を拡大観察

　高値圏でこれ以上、上がらない最高値ラインを見つける時は**「ギリギリまで引きつけて、フライングしない」**。この言葉をエントリー前に復唱します。

　より高い位置で入りたい、でもフライングはしたくない。

　そこで、5分足チャートから**1分足チャートに切り替え**て、1分足チャート上に**象徴的なダブルトップ、トリプルトップ**などが発生していないかを確かめてみます。

　5分足で上ヒゲ2本が連続した場面を1分足で見ると、立派なダブルトップになっているケースがほとんどです。

　次ページの**図3-40のA**はポンドオージーの2022年10月7日の値動きを拡大した5分足チャートです。

　天井圏で上ヒゲが出ている①と②のポイントを1分足チャートで見てみると、どのように見えるでしょう。

　1分足で拡大して見ると、**図3-40のB**のようになります。

　①のポイントでは**上ヒゲが連続**、②のポイントでは**トリプルトップを形成**しています。

　1分足で細かい値動きを確認したら、1分足チャートの上ヒゲ高値を「仮の最高値」に設定して、そこまでをゾーンととらえ、再度ローソク足がそのゾーンに入って来たらショートエントリーします。

　仮の最高値を超えたら損切りという条件でショートすれば、短期間の値動きでもきちんと利益を出すことが出来ます。

　高値圏で「ここが仮の最高値」というのを決める時は、5分足チャートからさらに小さな1分足チャートに拡大して、微細な値動きのニュアンスを確認すると、有利な位置でエントリーすることが出来ます。

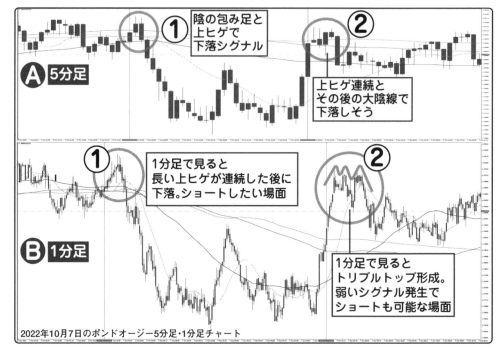

図3-40　ヒゲハントの具体例　5分足のヒゲが1分足でダブルトップなどになるケース

A 5分足

① 陰の包み足と上ヒゲで下落シグナル

② 上ヒゲ連続とその後の大陰線で下落しそう

B 1分足

① 1分足で見ると長い上ヒゲが連続した後に下落。ショートしたい場面

② 1分足で見るとトリプルトップ形成。弱いシグナル発生でショートも可能な場面

2022年10月7日のポンドオージー5分足・1分足チャート

　私は1分足の20SMAを1回も「**大きく**」下抜けていないうちは手を出さないようにしていますが、これも**フライング抑止**に使えるかと思います。

　ただし、1分足で見ると下へ動いたように見えても、1分足レベルの上ヒゲやダブルトップはまた上に抜かれることも多いので、**よほど固いレジスタンスであっても**5分足でのエントリー根拠を確実に待つほうが良いかと思います。

　頑張って、そのくらいは待ちましょう。

FX リオン式ゾーントレード＆ヒゲハントまとめ

　ここまで、リオン式ゾーントレードを概観してきました。

リオン式ゾーントレード＆ヒゲハントの特徴を整理すると、

● **ここを抜けたら負けという損切りラインが近いし分かりやすい**

● 高値圏でショートする場合、**明確なトレード根拠が絶対に必要。** 上位時間足でレジスタンスになっているライン、5分足・1分足チャートでの上げ止まりの確認（ダブルトップ、トリプルトップ）などといったエントリー根拠が乏しく、何のプライスアクションも起きていない場合は取引を見送る

● ピンポイントで高値を売るのは無理。**上位足SMA、キリ番、高値圏に登場した複数の高値・安値を元に上限・下限を決めて「ゾーン」でとらえる**

● ゾーンを決めたら、いったん下がって再び**ゾーン入りした後、再下落したところでショートエントリー。ゾーン下限に対するリバースタッチ**でもエントリー可能

● ゾーンを上抜けて行く動きが出た場合も、抜けたローソク足が大きな上ヒゲを残して再びゾーン内に戻って来る動きを想定。**「レンジ上限を上に抜けた！」と思わせて、ヒゲで戻されるフェイクが出た場合、むしろ強いショートエントリーのファクターになる**

といったものになります。

　高値圏でレートの上昇が止まって流れが転換した、というポイントにはその価格帯に重要なサポートレジスタンスラインやキリ番、上位足SMAなど**「何か」**が存在しています。

　重要な経済指標などが発表される時は、その「何か」に向かって大口投資家が仕掛け的なロングを入れる場合も多く、そのタイミングをヒゲハントで狙う高度なテクニックも、慣れれば使えるようになります。

ヒゲハント応用編「ゆるゆる高値」の対処法

ローソク足が最高値圏で一度、仮の最高値をつけて下落し、再び高値をつけてくるような時は、「この後、上げ止まってダブルトップやトリプルトップが完成するのではないか」と先読みするのが、リオン式ヒゲハントの考え方になります。

しかし、相場は必ずしも、そう動くとは限りません。

最初の高値のラインを、**2度目、3度目の山（高値）がいきなり超えてくる**こともあります。

かと思うと、最初の高値を超えた後、上位時間足から見てレジスタンスになるような「何か」がないにもかかわらず、**少し右肩上がりのダブルトップ**を形成するケースもあります。

上位時間足に明らかなレジスタンスが見つからない時につけた高値を、リオンは**「ゆるゆる高値」**と呼んでいます。

この高値はあまり信用出来ないことが多いので、ここでフライングしないように注意しましょう。

その後、高値圏のレンジ内でいったん下落した時、前の安値より高い位置で下げ止まり、安値を切り上げて来た場合は特に警戒が必要です。

図3-41がそのイメージです。

その後、ゆるゆる高値を超えて上昇が続くようだと、そのまま上げ続ける可能性も高くなり、どこで天井をつけるかの明確な根拠も見つけられません。

そういった場合は、やはり高値ラインの上に「何か」がないかを探します。キリ番、過去のびっくりするぐらい長い上ヒゲの先端、4時間足ミドルや75SMA、週足の高値やミドル、日足の前日高値やミドル、月足の高値など、**レートの少し上にあって、その上昇を阻**

図3-41 レンジ相場の上限を超える「ゆるゆる高値」

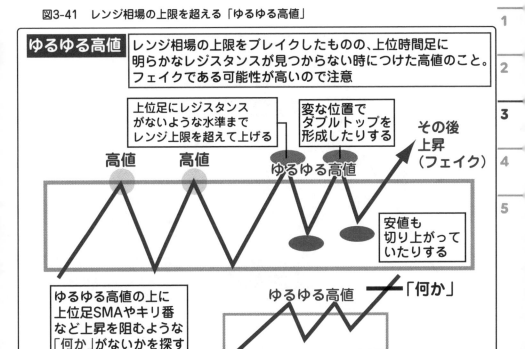

むレジスタンスになりそうなもの全てです。

例えば、次ページの**図3-42**は2022年10月12日から28日のポンドオージーの4時間足チャートです。画面左側で大きく上昇してダブルトップ気味の高値をつけた後、下落に転じ、その後はレンジ相場が長時間続きました。画面右側ではレンジ相場上限を上抜けて、さらに上昇しています。

つまり、この**レンジ相場は上昇トレンド継続中に出来た中段保ち合い**に過ぎませんでした。

レンジ相場内の値幅だけでも最大で200pips近くあったので、5分足チャートを使ってショートを狙うことは出来ます。

ただし、ヒゲハントを行う時は、何度も上抜け出来ていない高値ラインが、

図3-42　レンジ相場から上昇に向かうか下落に向かうかを見極める方法

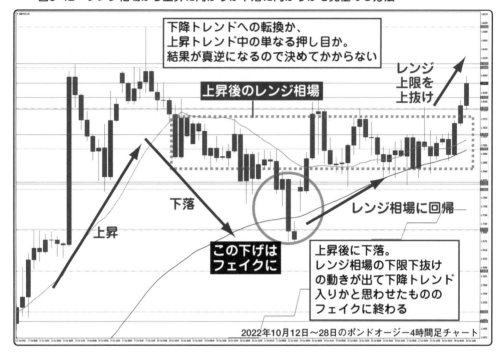

下降トレンドへの転換か、
上昇トレンド中の単なる押し目か。
結果が真逆になるので決めてかからない

レンジ
上限を
上抜け

上昇後のレンジ相場

下落

**この下げは
フェイクに**

上昇

レンジ相場に回帰

上昇後に下落。
レンジ相場の下限下抜け
の動きが出て下降トレンド
入りかと思わせたものの
フェイクに終わる

2022年10月12日〜28日のポンドオージー4時間足チャート

● 上昇の勢いを全て使い果たして、後は下落するだけなのか

● それとも、単に上昇継続局面の中段保ち合いに過ぎないのか

について入念に監視しましょう。結果が真逆になります。

🅕🆇 ゆるゆる高値の異変を察知する方法

　図3-43は、図3-42の4時間足チャートで見たポンドオージーが下落後に再び上昇に転じて行く値動きになった時の5分足チャートです。

　図の中央部分に4時間足チャートの少し弱いサポートレジスタンスラインAがあり、そこで上昇が止まって**レンジ相場①**が出来ています。その後、いったん急落してレンジ①を割り込んだものの、再び、レンジ①の中に入り、画面右側では**上ヒゲa**など何度か上ヒゲ

が出現し、レンジ相場①の上限やサポートレジスタンスラインAを
少し超えています。

　上ヒゲaのところでショートした場合は、その後、少し下落した
ので勝ち逃げすることは出来ました。しかし、直後に大きく反転上
昇しています。

　その時の**MAに注目**してください。

　75SMA、200SMA、1時間足ミドル、4時間足ミドルという4本
のMAが狭い価格帯に集束。今後、下のほうに拡散していけば下降
トレンド入りするかもしれないという期待感はありました。

　ただこの場合、レンジ①内部でつけた高値が右肩上がりになって
います。

　レンジ相場とはいうものの、長期スパンで見ると、安値も切り上
がっています。

図3-43　レンジ上限の上ヒゲがフェイクに終わったケース

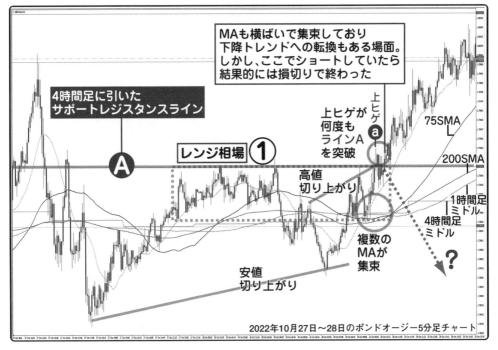

レンジ相場というのは高値だけでなく、安値もだいたい決まった位置で下げ止まらないとレンジとは見なせません。しかし、図3-43の場合はレンジ相場が出来る前の安値が明確に切り上がっています。

　そう考えると、上ヒゲaでのショートに関しては思いとどまるか、もう少し様子見するか、エントリーするにしてもすぐ逃げるつもりで入ることになります。

　どんなに強力そうに見えるレジスタンスでも抜ける時は、あっさり抜けてしまいます。

　そんな不確実な状況の中で、「これは行ける」「これは違う、ダメ」と判断して行くためには、実際に失敗もしてみて、「どこが法則と違ったのか」「どこに間違いがあったのか」を自分なりに復習、検証して、**たくさんの記憶を蓄積**して行くしかありません。

　経験の蓄積だけしか成功の確率を上げる方法はないと思います。

　全く同じチャートは二度と出現しませんが、**「似たような」感じ**は来ます。それでも結果は毎回違うわけで、**違ったら逃げる**。最終的にはこれだけです。

　自信たっぷりのエントリーポジションでもダメな時はダメなので、その時は潔く逃げましょう。

　「だってこうなるはずだから！」と粘るのが、一番してはならないパターンです。連勝が続いた後は特に注意しましょう。

FX 大口投資家の「ストップロス狩り」に気をつける

　天井圏では、想定したレジスタンスラインを一気に超えて「あっ、高値ブレイクだ」と思った直後に急落する動きもあります。

　その裏では、**「大口投資家のストップロス狩り」**が行われている場合もあります。

「ショートポジションのストップロス狩りの後は、大きく急落する」

　これは天井圏ではよくある動きなので、かなり高度な応用技になりますが説明しましょう。

　例えば、日足チャートの重要高値や重要サポートレジスタンスラインのような「何か」に上昇を阻まれて、高値をなかなか抜けない状態が続いていた、とします。

　ショーターとしては、レンジ上限で跳ね返されて下がる動きに便乗してショートを狙いたい場面です。

　しかし、そんな局面でいきなり急騰が始まり、重要なレジスタンスラインの20〜30pips上までレンジブレイクするといった、ちょっと不自然で短期的な値動きがたびたび起こります。「重要なレジスタンスラインを上にブレイクしたから買いだ」と誰もが思ってしまいそうな状況です。

　しかし、その後、**一時的な急騰を全て打ち消すような急落**が起こります。そのままレンジ相場の下限、さらにはその下に向けて下落が続くこともあります。

　こういった特徴的な値動きが出たら、大口投資家のストップロス狩りを疑ってください。

　ポンドが絡んだ通貨ペアの場合、ブレも大きいですが、**レンジブレイクの値幅はおよそ30〜35pips**。他の通貨ペアに比べてワイドになります。そこまでは本当のレンジブレイクか、それともフェイクなのか、見極めがつきにくいのです。

　実践では最大で**50pipsぐらいは大口投資家がストップロスを狩って来てもおかしくない**、と思っておいてください。実際、ボラティリティ（価格変動率）が大きかった2022年、ポンドオージーのレジスタンスブレイクは平均して60〜70pipsくらいでした（あくまでリオンの体感値）。

ストップロス狩りのカラクリは次のようなものです。

重要な「何か」があるレジスタンスラインの上には、ショートエントリーした投資家が**「ストップロス」と言われる損切り買い決済の逆指値注文**を入れることが多くなります。

大口の投資家は、このショート勢のストップロスの買い決済を見越して、**大規模な資金で買い上げ攻勢**を仕掛けるのです。買い上げの過程で次々に「このレートを超えたら決済買い」という**ストップロスが発動**。その買いの勢いでレートが急騰します。

ストップロスの買いや、それを見て「レンジブレイクした！」と考えた投資家の新規買いで相場がさらに急騰したところで、大口投資家はロングポジションを大量決済して利益を得ます。

ドテン（これまでと真逆のポジションを持つこと）**のショート**を入れて、相場を急落させ、さらに儲けようとする場合もあります。そうなると、今度はレンジブレイク期待でロングした投資家の損切りの売り決済が大量発生し、レートが急落。ドテンショートした大口投資家は大儲け。

個人投資家の小さなストップロス注文は大口投資家には見えていて、そこを狙って狩って来るという説は想像に過ぎません。

ただ、日足・週足チャート上には大口投資家が保有するポジションの**損益分岐点やオプション取引の攻防ラインになるような重要な節目**がたくさんあります。

そういった節目では大口同士の争いで、相場が乱高下しやすくなります。個人投資家が参戦しても、上下動に振り回されるだけでなかなか勝てる場面ではありません。

慣れないうちは、また性格に合わない方は無理に「天井ハント」を狙わないで、大口投資家同士の戦いが終わり、どちらが勝ったか明らかになった時点で落ち着いてエントリーするほうが良いかと思います。

第 **4** 章

1取引で201万円
初心者でも
真似しやすい
リアルトレード記録

（失敗例込み）

FX 勝利の方程式「タケノコ」の成功例

第4章では、リオンがトレードしてきた中で、記憶に残り、**独自の手法を生み出すきっかけにもなった成功体験**をご紹介します。失敗というか、リオンが苦手な局面などについても解説しますね。

私が自分のトレードスキルに自信を持てるきっかけになったのは、「この形になったら『絶対』とまでは言わないけれど、かなりの高確率でこうなる」という**方程式**を自分なりに発見できた時からでした。

それはFXで勝ち始めたばかりの2020年6月。

いつものようにポンドオージーの5分足チャートをウォッチしていて気がついたのです。

「急激に上がった後、鋭い角度で下がり始めたら、ほぼ同じ値幅だけ下がることが多い」

レートがドカーンと打ち上げ花火のように上がった後、鋭い角度で落ち始めたら、花火が上がった元の価格帯までストンと落ちることが多いのです。

その独特な値動きを**「タケノコ」**と名づけました。

その特徴は、**角度が鋭ければ鋭いほど落ちやすい**ことです。

図4-1は2020年6月23日のTYO時間9時前後から始めたトレード画面の一部です。図の最先端で**「タケノコ」**が出現。エントリーしました。

上がり始めたところから下がったところまでのこの形、タケノコに見えませんか？ 「竹槍」や「弓矢を引く」とも呼ばれるようです。いきなり花火のように急騰しているので、「ここでショートは怖過ぎる」と誰もが思うかと。

ただ、花火が打ち上がった後の高値圏で、何本かのローソク足が

図4-1　行って来いの「タケノコ」狩りの成功例

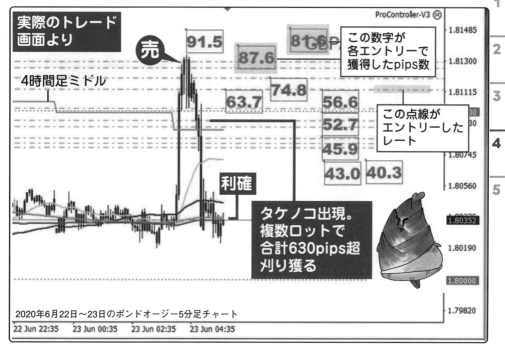

2020年6月22日～23日のポンドオージー5分足チャート

ちょうどタケノコの先から出ているイガイガの葉っぱのような**上ヒゲ**を伸ばします。

　第2章で見た**3本の上ヒゲが出て天井打ちを知らせる「サボテン」**をより縦長にした感じです。

　その**上ヒゲの連続を慌てずに待つ。**

　上ヒゲ数本の登場を待てるようになれば、意外とスイッとその後の急落を狩り獲ることが出来ます。

　図4-1の場合、上値にあった**4時間足ミドル**を勢いよく抜けた直後に失速している点もショートエントリーの根拠になりました。

　損切りラインは**タケノコの上ヒゲ先端部分**に設定します。

　もし止まらずに上昇が続いても傷は小さくて済みます。その後の下落もまさに急降下なので、慣れればかなり強力な武器になります。

　このタケノコを慌てず、狩り獲れるようになった頃から勝てる自

信が持てるようになりました。

　タケノコはどの通貨ペアにも登場します。

　タケノコのような値動きが起こる背景には、**経済指標や要人発言**などに呼応して**大口投資家が仕掛け**たものの、追随する投資家が出て来なかったため、慌てて反対売買して結局、相場が元の水準に戻った、という事情があるのかもしれません。

　とにかく、これまでのトレンドや値幅から考えて**不自然と思えるような急騰や急落**が起こり、短時間でその動きが失速して元に戻る値動きは慣れれば獲りやすいのです。

　例えば、**図4-2**は日本時間でいうと2022年11月3日深夜3〜4時のユーロドルに出現したタケノコです。この動きの背景には、米国の

図4-2　米国FOMC直後のユーロドル5分足に登場した「タケノコ」

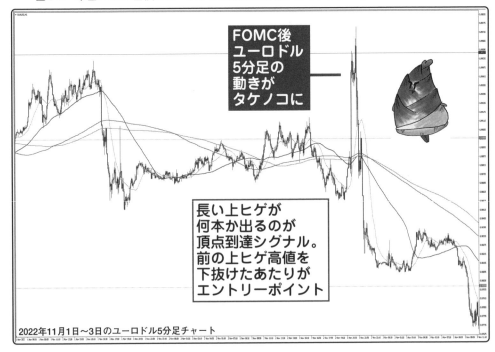

FOMC後
ユーロドル
5分足の
動きが
タケノコに

長い上ヒゲが
何本か出るのが
頂点到達シグナル。
前の上ヒゲ高値を
下抜けたあたりが
エントリーポイント

2022年11月1日〜3日のユーロドル5分足チャート

金融政策を決めるFOMC（連邦公開市場委員会）の結果発表がありました。FOMCの結果を好感してユーロがドルに対して急騰したものの、その後、期待を裏切られたことで急落。それ以前の下降トレンドに逆戻りしています。

　急騰→急落の動きが**ダブルトップ**のような形を作るパターンもあります。

　図4-3のポンドオージー（2022年3月1日12時〜13時頃にタケノコ出現）の1分足チャート上の①の場面がその例です。**たった30分程度の急騰→急落**で、値幅も約25pipsでした。

　しかし、**1.85豪ドル**目前まで迫ったところで高値を2度つけた後に大陰線でネックライン割れした時点で、「あっ、タケノコ」と気づけるパターン。

　この例のように、高値圏で逆張りする際は値動きの微細なニュア

図4-3　1分足チャートで見た「タケノコ」の具体例

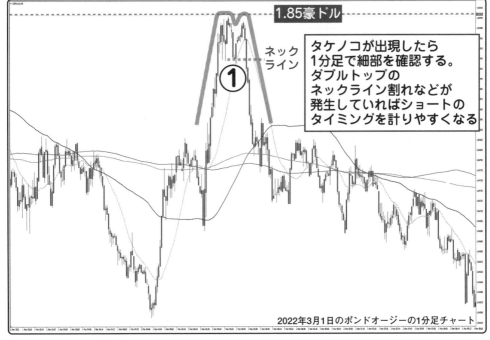

ンスを確かめるため、1分足チャートを見たほうが成功しやすいか
と思います。私もそれっぽい急騰が来たら、すぐ1分足に切り替え
ます。

　なお、タケノコが出た後、完成途中でもタケノコ部分を否定する
ように上がった場合はかなり危ないので、ショートポジションを持
っていたら速攻で逃げてください。

　経済指標がらみでもそうでなくても、FX市場ではこうした**大口
投資家の仕掛け、先走りが結局は失敗に終わるような値動き**が時々
出て来ます。

　それに気づけて、「この動き、続かないな。タケノコになるな」
と思えるようになれば、きっとトレードが楽しくなります。

🏵 初心者も入りやすい「リバースタッチ」

　FX初心者の方でも比較的エントリーしやすいのが、トレンドラ
インへの「リバースタッチ」です。2022年6月21日朝9時30分以降
の成功例が**図4-4**になります。

　日足ミドルは緩やかな下向きで、4時間足ミドルが上向きなので、
長期的に見ると、少し下げかかったところで反発した局面です。

　図の5分足チャートは画面左で急落して来た後、4時間足ミドル
にタッチして反転上昇。そこから一度大きめに下がっています（①
のゾーン）。

　この**初動の下げ**は獲りづらいんです。というのも、4時間足ミド
ルが上向きなので、**いったん押し目をつけて再上昇というパターン
も多い**からです。

　そういう時は、上昇局面の安値同士を結んだサポートラインを引
いて、その**サポートラインまで戻ってきて反落するリバースタッチ**
が起こるのをひたすら待ちます。

　すると、サポートラインを突破して上昇したものの、上ヒゲを残

図4-4　初心者でもエントリーしやすい「トレンドラインへのリバースタッチ」

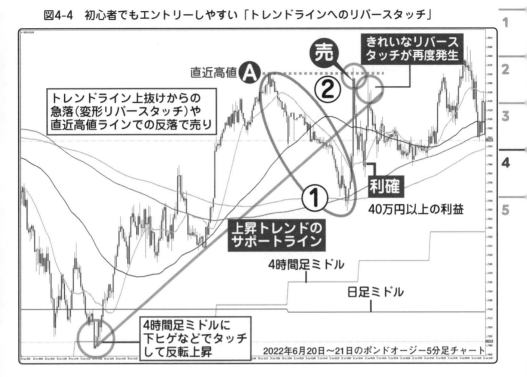

して急落。リバースタッチを先取りする形で、②のポイントでショートエントリー。合計40万円以上の利益を獲得できました。

　エントリーポイント②はちょうど**直近高値ラインA**に跳ね返された形になっています。トレンドラインを上抜けしているのでリバースタッチとは言えませんが、結果的にはそれに近い形になりました。

　その後、再び上昇したものの、今度はかなりきれいな**2度目のリバースタッチ**で反転下落。こちらのほうがショートしやすいかもしれません。

　MAやキリ番など上昇を抑え込むレジスタンスも重なったところでリバースタッチすれば、さらに精度は高いかと思います。

　図4-4のような形は**どの通貨ペアでも**見られます。

　初動ではなく、リバースタッチのほうが目印になるものが重なりやすいので、初心者の方には入りやすいはずです。

FX リバースタッチは 全通貨ペア共通のシグナル

リバースタッチは**上昇トレンドに転換**する時にも見られます。

図4-5は日米金利差の拡大で急騰が続いていたドル円の2022年8月31日から9月1日の5分足チャートです。

当時のドル円はまだ政府・日銀の為替介入もなかったので非常にきれいな上昇トレンドが続いていました。

その過程で押し目をつけて反転上昇に転じるところで2度にわたって、レジスタンスラインA、Bにリバースタッチして上昇という場面が登場しています。

Aに対する上からのリバースタッチは1時間足ミドルからの反発

図4-5 「サポートレジスタンスラインへのリバースタッチ」の具体例　ロングの場合

下落局面に引いたレジスタンスライン

長い下ヒゲの上からのタッチが4時間足ミドルからの反発と重なっている

4時間足ミドル

1時間足ミドル

リバースタッチ発生

2022年8月31日から9月1日のドル円5分足チャート

と重なっています。Bの場面では高値形成後に急落した時の高値同士を結んだラインBの延長線上に長い下ヒゲが上からタッチ。ちょうど4時間足ミドルと重なったところで反転上昇しています。

　当時のドル円はあまりに力強く上昇していたので、下値にあるMAにタッチしたら押し目買いという戦略だけで利益を出せたと思います。

　そこに**レジスタンスラインに上からタッチして反発する動き**も加わると、ロングエントリーの精度がさらに高くなると思います。

　ショート、ロングともにリバースタッチでのエントリーは初心者でも比較的安心して入れるポイントになります。

🄵🅇 大きく獲りたいなら MAの集束・拡散を狙おう

　ショートでもロングでも最高の形といえるのが、MAが狭い価格帯に大集結して絡み合い、その間をローソク足が横ばいで推移する天井圏・大底圏を形成した後のトレンド加速。

　MAの集束・拡散の動きに乗るトレードです。

　次ページの**図4-6**はかなり昔に欧州、NY時間もホールドし続けて、**1216pipsが獲れた例**です。

　MAの集束・拡散の登場頻度はそれほど多くありませんが、遭遇したら「ドカンと勝てる」絶好のポイントになります。

　エントリーは、本格的な下降トレンドが始まるずっと前。横ばいで推移したポンドオージーが高値を2度つけて再び上昇トレンドに回帰しそうになったものの失速した頂点（①）です。

　そこから利益を伸ばしつつ、ローソク足が75SMAや1時間足ミドルを割り込んだ後、その戻りが75SMAへのリバースタッチで終わった②のゾーンでも複数ロットで追加エントリーしました。

図4-6　MAの集束・拡散で大成功した例

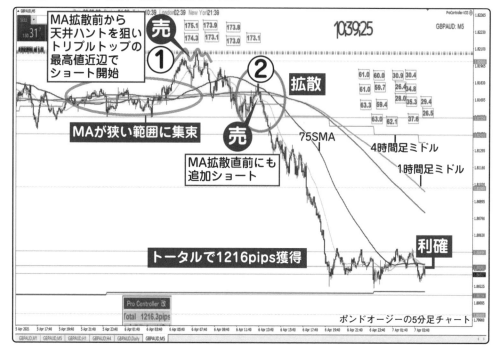

MA拡散前から天井ハントを狙いトリプルトップの最高値近辺でショート開始

売 ①

拡散

MAが狭い範囲に集束

売

MA拡散直前にも追加ショート

75SMA

4時間足ミドル

1時間足ミドル

トータルで1216pips獲得

利確

ポンドオージーの5分足チャート

Total 1216.3pips

　非常に狭い範囲に密集していた20SMAから4時間足ミドルまで5本のMAが下向きに拡散する寸前に次々とショートを仕掛ける形になりました。

　天井圏でたくさんショートして、その利益が乗っているので、上に戻されたとしても、①のショートでの貯金分があるため、プラスで逃げ切ることが出来ます。

　レンジ相場の最高値圏でショートエントリーして利益を確保した状態で、MAの集束・拡散が起こり、さらに本格的な下降トレンドへの転換が見込めそう。そういう時は、自分が今まで経験して来たトレードの記憶を信じてポジションを足して行きます。

　トレード当初は「4時間足ミドルまで落ちたら良いな」と考えていましたが、欧州時間開始前後に4時間足ミドルを難なく下抜けしました。そこでさらに追い玉を入れます。

　逆指値のストップロスを4時間足ミドルの30〜50pips上に入れて利益を確保。

　売り始めた1.821から、翌朝には1.801まで200pips近く急落していて、**トータルで1216pipsの獲得**になりました。

　こんなにきれいに下落してくれることは少ないですし、その時に立ち会えるかも分からないですが、様々な通貨ペアを見渡せば、1か月に1度ぐらいは出現しているのできっと出会えると思います。

　図4-7は2022年10月28日から土日を挟んだ10月31日のユーロドルの5分足チャートです。

　20SMAから1時間足ミドルまでMAの集束が発生し、1時間足ミドルをまたぐ形で**トリプルトップ**のような形状になった後、急落しています。途中、①〜③のショートポイントで1時間足ミドル下抜けやトリプルトップのネックライン（中間安値）割り込み、集束し

図4-7　下降トレンドの中段保ち合い相場でのMA集束・拡散の具体例

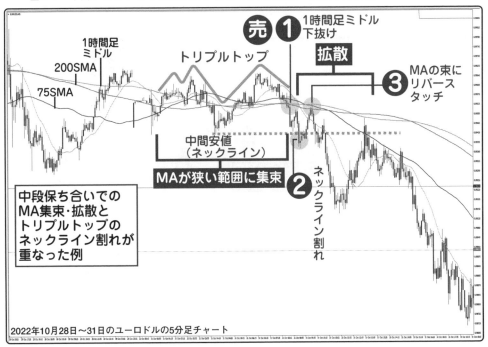

2022年10月28日〜31日のユーロドルの5分足チャート

たMAの束に対するリバースタッチも起こっていて、ショートエントリーしやすいシグナルがたくさん点灯しています。

この値動きを4時間足チャートで見ると（図4-8）、高値圏から下降トレンド入りした後、いったん**中段保ち合いを形成したものの、下降トレンドが再開**する場面になります。下降トレンドの中段保ち合い下抜けは大きな値幅をともなって急落することも多いので、初心者の方でもショートで狙いやすいと思います。

FX MAの集束・拡散は大底圏のロングにも使える

MAの集束・拡散はレートが**大底圏で底ばい推移した後、上昇トレンドに転換する場面**にもよく登場します。

図4-8　4時間足チャートで俯瞰した図4-7のMA集束・拡散の場面

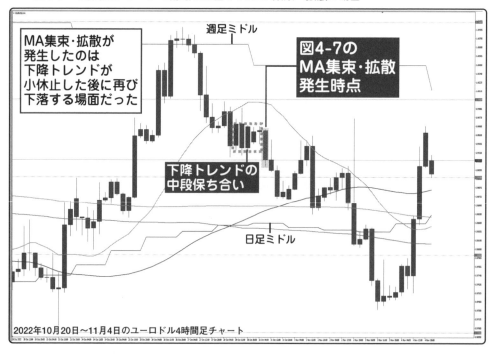

　形状は、天井圏のMA集束・拡散を180度逆さにした感じになります。その実例チャートが**図4-9**の2022年1月25日から26日のドル円の5分足チャートです。

　1月26日のTYO時間15時台後半までは1ドル113円70銭〜90銭台の**狭いレンジで横ばい**が続いていました。欧州時間入りするとレンジ上限をブレイクして、114円30銭台まで**一気に上昇トレンドが加速**しています。

　横ばい時点では**20SMAから1時間足ミドルまでが、かなり狭い範囲に密集**しています。直近安値が前の安値から切り上がっています。ただ、この時点で日足ミドルはまだローソク足のはるか上にあって画面上に入っていません。

　ロングエントリーの最初のポイントは、レンジ相場の高値を結んだ**レジスタンスラインAをブレイク**したあたりです。

図4-9　大底圏に見られるMAの集束・拡散から上昇トレンド入りの具体例

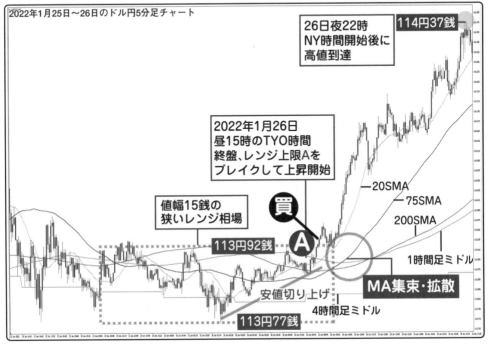

2022年1月25日〜26日のドル円5分足チャート

26日夜22時
NY時間開始後に
高値到達

114円37銭

2022年1月26日
昼15時のTYO時間
終盤、レンジ上限Aを
ブレイクして上昇開始

値幅15銭の
狭いレンジ相場

113円92銭

買

A

20SMA

75SMA

200SMA

1時間足ミドル

MA集束・拡散

安値切り上げ

4時間足ミドル

113円77銭

下値にある**4時間足ミドルを損切りライン**に設定して、その後、いったん下がってレジスタンスラインAに上からリバースタッチしたところなどでも追加ロングして行けば、その後の上昇トレンド加速を大きな利益に変えることが出来ました。

　この場面を含む、ドル円の4時間足チャートは　**図4-10**のようになっています。2022年3月から10月にかけてドル円は1ドル115円台から一時151円台まで約36円も上昇しましたが、図の4時間足はまさにその**上昇トレンド前夜**の局面です。

　5分足チャートで見た上昇局面は、4時間足で見ると下値にあった週足ミドルに届く寸前で下げ止まり、上昇に転じたところ（①のゾーン）になります。

　ドル円はその後、非常に強い上昇トレンドが続きます。

　そんな強い上昇トレンドの途中でも、**5分足レベルではMAの集**

図4-10　大底圏から大きな上昇相場が始まる初動までの値動き

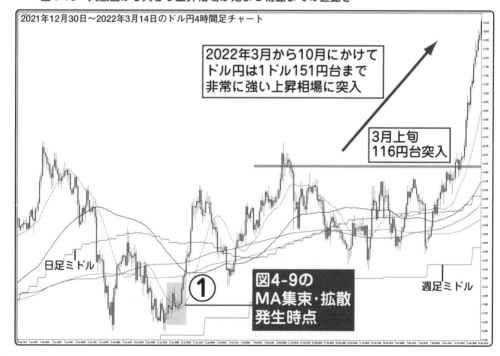

1

2

3

4

5

束が何度も起こって**押し目**を作っています。

　当時は日米の金利差がどんどん拡大して、ドル円は上昇トレンドが鮮明でしたから、5分足SMAの集束・拡散を目印に押し目を拾って行けば、かなり大きな値幅を利益に出来ました。

　海外FX口座を使ったハイレバレッジ取引でドル円ロングを続けていれば、**億り人達成**も夢ではなかったかもしれません。

　押し目の下げが大きいのでロングをずっとホールドし続けるのは難しく、**分割して何度も利確しながら入り直してピラミッディング**をまた組み立てるのが一番良かったんじゃないかなと思います。

　私たちは普段デイトレーダーのはずなのに、なぜか、こういうチャートを見ると、「買ってホールドしとけば！」と思ってしまうのが不思議ですよね。そんなに握力ないのに。

FX 利益201万円。リオンの最近の最高益トレード

　先ほども見たように、下降トレンド継続中にレートが一時的に横ばいで推移した後、再びストンと落ちる**「中段保ち合い下抜け」**は、ショートで比較的利益を出しやすい場面です。

　次ページの**図4-11**は私が2022年4月5日13時30分頃に急落したポンドオージーで、201万円の利益を得た時の値動き。

　利益が大きく膨らんだのは5分足の大陰線4本分、たった20分間の出来事でした。

　ポンドオージーは前夜のNY時間から狭いレンジ相場を形成。

　1時間足チャート（241ページの**図4-12**）で確認すると、下降トレンドの中段保ち合いが続いていました。

　この日は、13時30分にオーストラリアの中央銀行にあたる**豪州準備銀行（RBA）**の政策金利が発表される予定でした。指標発表前に、このような形のレンジ相場が続いた場合は「ほぼ下げる」と

図4-11　1日の最高利益201万円を獲得したトレード画面

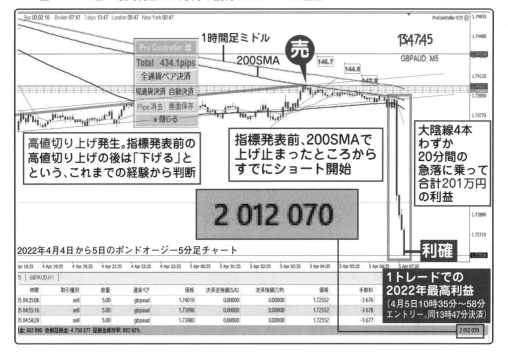

2022年4月4日から5日のポンドオージー5分足チャート

いう**「形状の記憶」からの自信**がありました。

　また、既にストップロスはプラスに設定できていて負けはないこと、5分足での値動きが1時間足ミドルや200SMAの下だったこともあって、指標発表前のレンジ相場の上限で入れていた5ロット×3本、合計150万通貨をホールド。**指標発表後の約140pipsの下落で、合計434pipsを獲得。**当日の1豪ドル約93円×434pips×5ロット（50万通貨）で図4-11に示した利益を短時間で上げることが出来ました。

　急落が起こった前後の動きを図4-12で見ると、約13時間にも及**ぶレンジ相場で溜め込んだエネルギーが指標発表で一気に放出**された様子がよく分かります。

　天井圏からの下落に比べると、トレンドが下向きなので、こうした中段保ち合い下抜けは初心者の方でも入りやすく、下抜けのエネルギーが大きいと大きな利益になることも多いと思います。

図4-12　1日の最高利益201万円を獲得したトレード前後のポンドオージーの状況

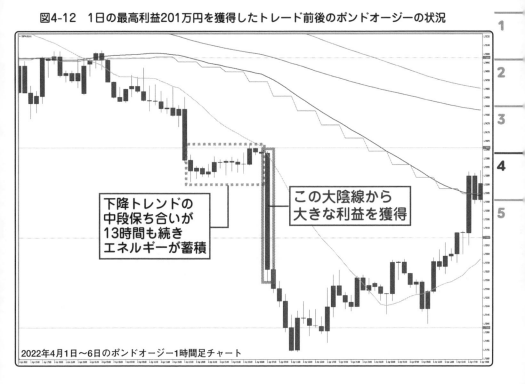

下降トレンドの
中段保ち合いが
13時間も続き
エネルギーが蓄積

この大陰線から
大きな利益を獲得

2022年4月1日〜6日のポンドオージー1時間足チャート

　相場はたまに**大きなボーナス**をくれます。こんなにうまく行くことはめったにないと思われるかもしれませんが、大体どの通貨ペアでも1か月に1回はこんな場面があります。

　そんなボーナス相場は同じような場面だけを狙ってエントリーして、**ひとつの通貨ペアだけを追い続けていないとなかなか遭遇しにくい**のです。

🍀 苦手なのは下降トレンドの戻り局面

　成功例ばかりではなく、リオンの失敗例も紹介します。

　次ページの**図4-13**は2022年8月15日から17日のポンドオージーの5分足チャートです。

　このチャートだと分かりませんが、ポンドオージーはずっと下降

図4-13　下降トレンドの戻り売りで失敗したケース

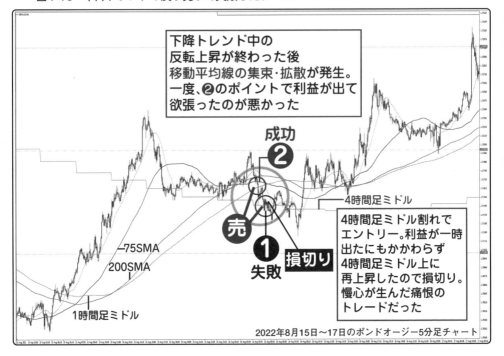

下降トレンド中の
反転上昇が終わった後
移動平均線の集束・拡散が発生。
一度、❷のポイントで利益が出て
欲張ったのが悪かった

成功
❷

4時間足ミドル

4時間足ミドル割れで
エントリー。利益が一時
出たにもかかわらず
4時間足ミドル上に
再上昇したので損切り。
慢心が生んだ痛恨の
トレードだった

売

失敗　❶　損切り

―75SMA
200SMA

1時間足ミドル

2022年8月15日〜17日のポンドオージー5分足チャート

トレンドが続いていました。

　画面左端の安値まで急落した後、大きく上昇しており、リオンが
エントリーしたのはMAの集束から4時間足ミドルを下に割り込ん
で下落が始まった①の地点。

　典型的な**下降トレンドの戻り売り**の場面です。

　その後、いったんは4時間足ミドルを割り込む動きが続いてプラ
ス転換しましたが、4時間足ミドルを再度超えて上昇転換したとこ
ろで損切りしました。

　反省点としては、①の前の下げ（図の②のゾーン）で一度勝って
終わっているのに欲張って2度目のショートを入れてしまったこと
です。

　しかもプラスマイナスゼロで終わらせることも出来たのに、
35pipsもマイナスになるまで粘ってしまいました。

図4-14　下降トレンドの戻り売りが難しい理由

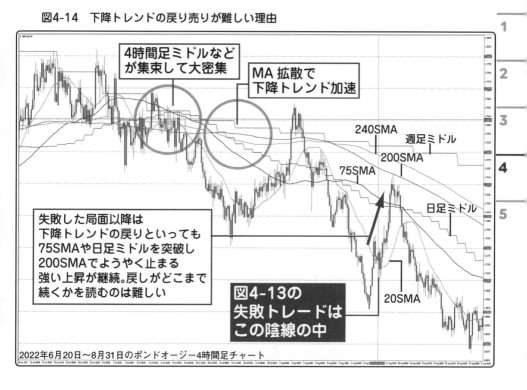

2022年6月20日〜8月31日のポンドオージー4時間足チャート

4時間足での、この局面は**図4-14**になります。

画面左で4時間足のMA集束が起こった後、下方向にMAが拡散して下降トレンド入りしています。

図4-13のショートエントリーは、急激に下落した後、かなり急速に戻したものの反落して、**再び4時間足ミドルを割り込んだ**ところです。

しかし、5分足チャートでも分かるように4時間足の20SMA（5分足の4時間足ミドル）を割り込む動きはフェイクに終わり（恐らくはショーターの大量利確で）、その後、急騰しています。

実は、こういった戻り売りが私は苦手です。

どこまで戻るか分からないから。

図4-14の4時間足を見ても、損切り後の急騰は4時間足の75SMAや右肩下がりの日足ミドルを飛び超えて継続しました。

4時間足の200SMAにぶつかり、上ヒゲで跳ね返されて、ようやく終了しています。

　この場面で「下降トレンドなのにおかしい、絶対に下がる。戻り売りのチャンス！」とショートし続けていたら、連続損切りです。

　確かに200SMAにぶつかった後、下降トレンドに回帰しました。

　しかし、どこまで戻るかは実際に戻って跳ね返されてみないと分からない。それが**戻り売りの難しさ**です。

　この図4-14の場合も、かなり急角度で下を向いていた日足ミドルや75SMAを難なく一直線で突破しています。200SMAで跳ね返されずに、その上の240SMAや週足ミドルまで上昇する可能性もありました。

　特に下落がかなり長時間続いた後は、戻りがそのまま**上昇トレンドへの転換**に繋がってしまう可能性もあるので警戒が必要です。

🅵🆇 好きな値動きを見つけて極め抜こう

　上昇がピークに達して、上昇の勢いをすっかり使い果たした天井圏の値動きでは、高値を更新できない動き、ダブルトップやトリプルトップの形成、MAの集束・拡散などが、私には分かりやすいと思えます。

　FXの教科書的には逆張りは邪道で、**順張りトレンドフォロー**が基本と言われます。

　上昇トレンドの押し目買いや下降トレンドにおける戻り売りなど、トレンドに沿ったトレンドフォローが恐らく一般的に言われる王道かと思います。

　でも、戻り売りは天井売りに比べると、私には入りにくいんです。**「何だかイメージと違って、いつも失敗してしまうな。感触が合わないな」**と感じている人も多いと思います。

「どこまで戻るかよく分からない」

この声はよく聞きます。

それまで大きく下げた場合、**戻りの上昇もかなり大きなものになりやすい**のです。タイミングを間違えると損も大きくなります。

FXには「これが王道」というトレード手法はない、と私は思っています。

大事なのは何が得意で、好きで、何なら勝てるかです。

王道でなくて良いので、まずは「これなら負けないと思う」というものを見つけて行きましょう。

私にとってはそれが「頂点でのヒゲハント」。

属性が同じ方には是非トライして欲しいですし、戻り売りが上手くなりたい方はそれを極めて行きましょう。

FX リオン式エントリーチャンス

以上、タケノコ、リバースタッチ、MAの集束・拡散、下降トレンドの中段保ち合い下抜けといった初心者の方でもトライしやすいもの、逆に私が比較的苦手としている戻り売りについて実践例を紹介しました。

これまでのチャートにも示したように、天井圏付近から始まって、下落が終わるまで、たくさんのエントリーチャンスがあります。

値動きに対する感じ方は千差万別で、どういった局面なら自分は強みを発揮できるのかは、実際にトレードして**自分のデータを集めて自分自身で**見つけないと実践では使えません。

どうしても**失敗を克服できない場合は「このパターンは苦手」と判断**して、失敗に繋がりそうなパターンでは極力トレードしない。それで良いと思います。

得意なところだけを伸ばして、出来ないことはしない。

変な位置では手を出さない。

これが一番、負けを回避できます。

第 5 章

通貨ペア、取引時間、
ショート・ロング
問わず勝てる
リオン式ゾーン応用術

FX リオン式はどんな通貨ペア、取引時間でも通用する

　私はTYO時間、ポンドオージーのショートだけで普段トレードしていますが、**通貨ペア、取引時間、ショートかロングかの3つについて、どれを選んでもリオン式は通用**します。

　例えば、日頃仕事で忙しい方は、帰宅した**夜21時〜0時くらいのNY市場オープンの時間帯**しかFXのトレードが出来ないという人も多いですよね。

　またTYO時間は値幅が出ないので難しいという理由で、**値動きが大きくなる夕方の欧州市場オープンの時間帯**を狙って小ロットで、という方、「何か『円』とつくものが好き」という方など、時間も通貨ペアも色々な組み合わせがありますよね。

　為替の世界で基軸通貨といえば米国ドル。ユーロドルやドル円以外では**ポンドドル**も値動きが豊富で魅力的な通貨ペアです。

　ロングとショートについても、**天地を逆さ**にすれば、それはロングで成功しやすいポイントになります。

　通貨ペアごとに値動きには微妙な差があって、**「上昇はじわじわゆっくり、下落はドカンストン」**という場合もあれば、逆に2022年3月から10月のドル円のように**「上昇はドカン、下落はじわじわ」**という場合もあります。

　1ドル145〜150円台の円安を阻止するために2022年9月〜10月に政府・日銀が24年ぶりの大規模なドル売り・円買い介入を行い、12月には長期金利の実質利上げに踏み切りました。米国の中央銀行にあたるFRB（連邦準備制度理事会）の利上げ打ち止め観測も出ています。そのため、ドル円は2023年に入っても上にも下にも激しく動いていて、「キミはいったい誰？」みたいな状態になっています。

そこで、他の通貨ペアでもリオン式を使ってもらうために、第5章ではドル円、ユーロドルという2つのメジャー通貨のトレードプランを具体的に解説して行きます。

FX ドル円の上昇トレンドをロングで狙う方法とは？

2022年3月までのドル円は長年、**安値100円台、高値115円台という狭いゾーンでレンジ相場**が続いてきました。

しかし、2022年3月から10月は日米金利差の拡大や世界的なドル高トレンドの影響を受けて、力強い上昇トレンドが続きました。

レンジ相場で推移しやすい通貨ペアと、力強いトレンドで動く通貨ペアではトレード方法も少し違ってきます。

まずは2022年3月から10月に、急激な上昇トレンド相場に移行したドル円について考えてみます。

次ページの**図5-1**は2021年8月から2022年11月までのドル円の日足チャートです。前半の横ばい相場から後半は激しい上昇相場に**雰囲気がガラリと変わっている**のが分かります。

2022年3月以降は強い上昇相場だったわけですから、**ドル円ロングに絞って取引**するのが、結果的に2022年で利益を一番出しやすい通貨ペアと方向だったと言えます。

図5-1右側の上昇トレンドの局面を見ると、ローソク足が週足ミドルを下に割り込んだことは一度もありません。週足ミドルタッチでロングエントリーすれば、中長期投資でも莫大な利益を得ることが出来ました。

これだけ上昇が続いているわけですから、第2章や第3章で指摘したショートで狙えるポイントを**180度正反対**にすれば良い。

すなわち、

●**4時間足や日足、週足チャート上の重要な安値ラインやサポート**

図5-1　2022年の歴史的なドル円上昇相場の日足チャートとMA

2021年8月から2022年11月のドル円日足チャート

152円寸前
まで迫った
最高値の上ヒゲ

2022年3月から10月の
ドル円は力強い上昇トレンド

週足ミドルにタッチ

20SMA
75SMA

200SMA

240SMA

上昇中、一度も週足ミドル
（20週SMA）を割り込まず。
週足ミドルタッチは
ロングの大チャンスだった

ラインまで下がったところでロング
- ●ダブルボトム、トリプルボトム、逆三尊など大底圏での上昇転換を示すチャートパターンでロング
- ●4時間足ミドル、日足ミドルがもし上値にあれば、そこを上に超えたり、超えた後、リバースタッチしたところでロング
- ●キリ番や1時間足ミドル超え＆リバースタッチの再上昇でロング
- ●上昇が続く間は出来るだけ利を伸ばす。**トレンドが非常に鮮明なので利確を焦らなくても大丈夫**

という感じでしたね。

具体例を見て行きましょう。

図5-2は2022年10月21日の深夜23時から22日0時頃にNY市場で政府・日銀がドル売り円買い介入を行った翌週、10月26日から28

図5-2　為替介入直後の安値を目安にドル円をロングする方法

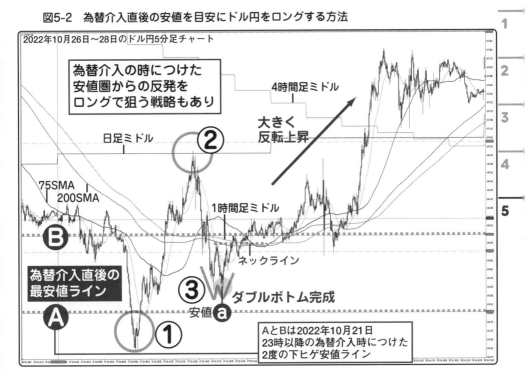

2022年10月26日～28日のドル円5分足チャート

為替介入の時につけた
安値圏からの反発を
ロングで狙う戦略もあり

4時間足ミドル

大きく
反転上昇

日足ミドル

②

75SMA
200SMA

1時間足ミドル

B

ネックライン

為替介入直後の
最安値ライン

③　W　ダブルボトム完成

安値　ⓐ

A

①

AとBは2022年10月21日
23時以降の為替介入時につけた
2度の下ヒゲ安値ライン

日にかけての5分足チャートです。

　一時152円寸前まで上昇したドル円は、介入によって145～146円台まで下落。その後、149円台まで反発しましたが、2022年10月27日には介入でつけた**安値を割り込み、その近辺で揉み合う展開**になりました。

　10月21日深夜の介入時に一時的につけた2つの安値ラインAとBを4時間足で探して、5分足チャートにも反映しています。

　ロングでエントリーするなら、介入直後の安値は重要なサポートラインになるはずです。実際、①のポイントでは、介入時の最安値ラインAを割り込んだものの反転上昇しています。

　その後、②のポイントで**日足ミドル**に跳ね返されて下落。1時間足ミドルを割り込んだ後、③のゾーンできれいな**ダブルボトム**をつけています。

ドル円の5分足チャートをさかのぼって見て行くと、こういった非常にきれいなダブルトップやダブルボトムが目立ちます。

③のゾーンで、2つ目の安値aが出現して**ダブルボトムが完成しそうになったところを先回り**して、早仕掛けのロングエントリーが出来そうです。その場合、ストップロスは介入直後の安値ラインAの少し下に置きます。利益確定の目安は上値にある1時間足ミドル（安値aから約50pips上）、さらにその上の日足ミドルまで伸びれば約120pipsの値幅があります。

21日の介入安値ラインAで損切り、日足ミドルで利益確定に目標設定すると、かなりリスクリワードの良い取引が出来ます。

図5-3はダブルボトム以降の5分足チャートを拡大したものです。日本時間28日深夜0時30分にダブルボトムの2度目の安値をつけ

図5-3　底値圏でダブルボトム形成後のロング戦略

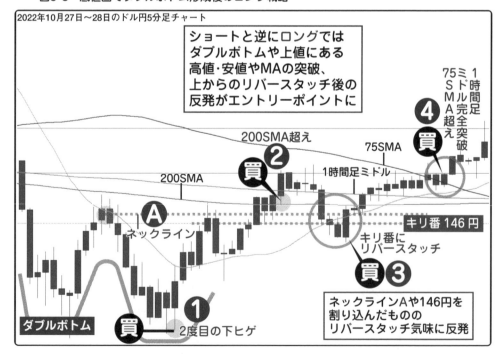

2022年10月27日〜28日のドル円5分足チャート

ショートと逆にロングではダブルボトムや上値にある高値・安値やMAの突破、上からのリバースタッチ後の反発がエントリーポイントに

200SMA超え

200SMA

ネックライン

75SMA

1時間足ミドル

75SMA完全突破

1時間足ミドル完全突破

キリ番146円

キリ番にリバースタッチ

ダブルボトム

2度目の下ヒゲ

ネックラインAや146円を割り込んだもののリバースタッチ気味に反発

て以降の買いポイントを示しました。

① ダブルボトム第2安値の2度目の下ヒゲ

② 200SMAに弾かれて下落した後、再び200SMAを超えて上昇したところ

③ その後、下落したものの、**ダブルボトムのネックラインAやキリ番の1ドル146円にリバースタッチ**して（実際は少し割り込んでいる）上昇を始めたところ

④ 1時間足ミドルを完全に超えて、その上の75SMAを上抜けたところ

　TYO時間の2022年10月28日朝7時以降の値動きが**図5-4**になります。

　日本の投資家が取引しやすい時間でもロングエントリーが出来そ

図5-4　強い上昇相場を順張りロングでトレードする方法

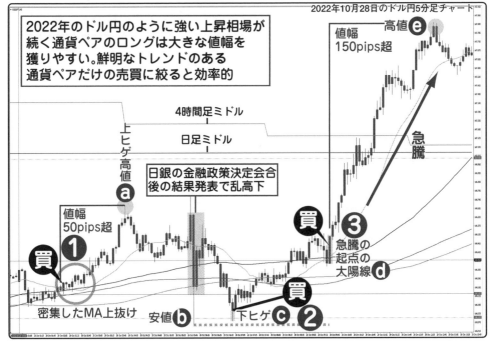

うなポイントがたくさんあります。

① ローソク足が集束したSMAの束を超えて上昇したところ。ここから上ヒゲ高値aまででも**50pips以上**あります。介入後ということもあって値動きが大きめになっています

　その後、10月28日昼の11時50分から11時55分には上ヒゲ陽線、下ヒゲ大陰線が出て相場が乱高下していますが、これは日銀の金融政策決定会合の結果発表があったためです。

　その発表前後は取引を見送るとしても、

② **金融政策決定会合の結果発表で乱高下した時の安値b近辺まで再度下落したものの、下ヒゲcで反発した地点**

など、取引できそうなポイントはあります。

　③の急騰局面の号砲となる大陽線dは日本時間の28日15時45分に出現。欧州時間が始まったことで急に値動きが活発になり、その後、ドル円は急騰。上値の日足ミドル、4時間足ミドルを超えて、高値eまで、大陽線dの始値から実に150pips以上も上昇しました。

　自分が取引する時間もしっかり決めて、**その時間帯の値動きに慣れる**と、さらに精度が上がります。

🅕🅧 ショート狙いならドル円でも変わりなし

　ドル円ロングの取引ポイントについて見て来ましたが、ロングでもショートでも基本的なエントリーの仕方にあまり変わりはありません。通貨ペアごとの癖はあるかと思いますが。

　図5-5は2022年11月15日の日本時間16時前後のドル円急落で、実際にリオンがトレードした例です。本書執筆のため、ポンドオージーとドル円を同時並行でショートしてみました。

　2つとも同じタイミングで急落しているのが分かります。ただ下落幅はドル円のほうがはるかに大きく、2ロット（20万通貨）のショートで**200pips以上獲得**できました。

図5-5　ドル円とポンドオージーを同時にショートした実践例

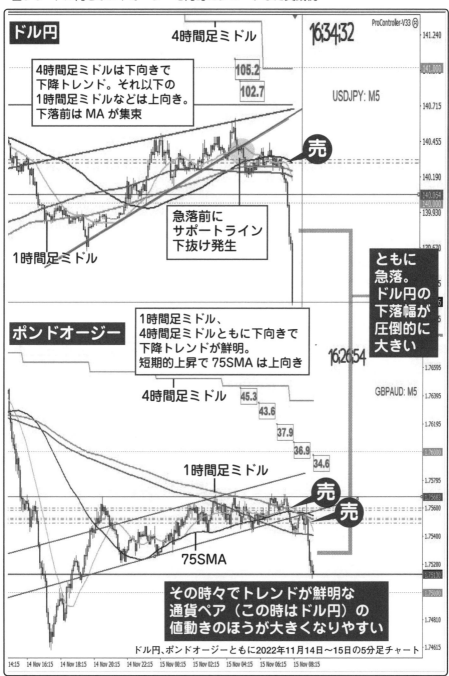

ドル円

4時間足ミドル

ProController-V33 ®

16:34:32

4時間足ミドルは下向きで
下降トレンド。それ以下の
1時間足ミドルなどは上向き。
下落前はMAが集束

105.2
102.7

USDJPY: M5

売

1時間足ミドル

急落前に
サポートライン
下抜け発生

ともに
急落。
ドル円の
下落幅が
圧倒的に
大きい

ポンドオージー

1時間足ミドル、
4時間足ミドルともに下向きで
下降トレンドが鮮明。
短期的上昇で75SMAは上向き

16:26:54

4時間足ミドル

45.3
43.6
37.9
36.9
34.6

GBPAUD: M5

1時間足ミドル

売
売

75SMA

その時々でトレンドが鮮明な
通貨ペア（この時はドル円）の
値動きのほうが大きくなりやすい

ドル円、ポンドオージーともに2022年11月14日〜15日の5分足チャート

14:15　14 Nov 16:15　14 Nov 18:15　14 Nov 20:15　14 Nov 22:15　15 Nov 00:15　15 Nov 02:15　15 Nov 04:15　15 Nov 06:15　15 Nov 08:15

MAの形状を見ると、ポンドオージーは当初、SMAが全て右肩下がりで、上値の1時間ミドルまで戻ったものの、そこから再び急落した形になっています。いわゆる戻り売りのショートになりました。

　一方、ドル円も4時間足ミドルが上値にあって下降トレンドですが、SMAは短期的に上向き。ただ、20SMAから200SMA、1時間足ミドルまでが狭い値幅に集まり、**MAの集束**が発生。上昇局面の安値を結んだサポートラインを割り込んでいました。

　図5-6は図5-5のトレード前後のドル円5分足チャートにエントリー根拠を書き込んだものです。

　画面左側の①のゾーンでは、週足ミドル超えに2度トライして失敗し、**ダブルトップが形成**されています。しかし、そのまま急落とはならず、上向きの1時間足ミドルにサポートされる形で反転上昇

図5-6　下降トレンドの上昇ウェッジでのショート戦略

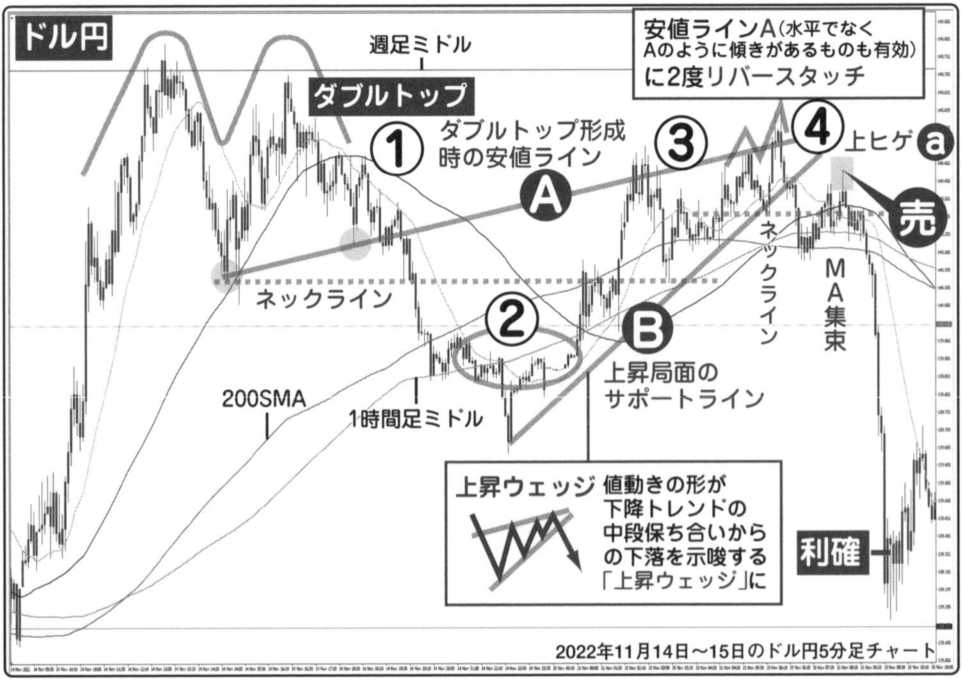

2022年11月14日〜15日のドル円5分足チャート

しています（②のゾーン）。

　しかし、ダブルトップの中間安値とその後の安値を結んだ旧サポートラインがレジスタンスラインAに転換して、**2度リバースタッチ**（③と④）が発生しています。

　④の形は**右肩上がりのダブルトップ**になっており、そのネックライン（中間安値）を割り込んだこともあって、ショーターのリオンには下落しそうな雰囲気が分かりました。**200SMAや1時間足ミドルが上向きから横ばいに転じ、MAの集束**が始まっていて、このあたりで心の準備を始めます。

　上昇局面の安値同士を結んでサポートラインBを引くと、急落前のチャート形状は中段保ち合い型の**「ペナント」**もしくは**「上昇ウェッジ」**（下落を示唆）の形状になっています。

　その**下値サポートラインや1時間足ミドルを割り込んだ**後、いったん戻り高値をつけた**上ヒゲa**で15時20分頃にショートエントリーしました。

　まだMAは集束したままで拡散していませんでしたが、上昇局面での右肩上がりダブルトップ完成に加えて、中段保ち合いのサポートライン割れもあり、多分、落ちてくれるだろうなと思っていました。

　その後、ドル円は急落。大陰線を連発した後、揉み合いに転じた16時40分に利益確定しました。

　ショートエントリー直後には集束したMAの下向きの拡散も始まっています。それを見越したエントリーとなりました。

　ドル円でもポンドオージーでもそんなに変わりはないですよね。

　リオン式はとてもシンプルなので、通貨ペア、ショート・ロング、どの形でも大丈夫です。

🅕🅧 各通貨ペアの取引量はどうなっている？

FXには様々な通貨ペアがあります。

国際決済銀行（BIS）が発表した2022年4月の1日当たりの平均取引量・金額では、**ユーロドルが全体の取引量の22.7％**を占め、金額は1兆7060億ドル（2022年4月当時の1ドル125円換算で**約213兆円**。以下同）に達します。まさに突出した取引量です。

次がドル円で取引量全体の**13.5％、1兆140億ドル（約127兆円）**。ポンドドルが7140億ドル（約89兆円）、オフショア人民元ドルが4950億ドル（約62兆円）、カナダドル（米）ドルが4100億ドル（約51兆円）、豪ドル（米）ドルが3810億ドル（約48兆円）となっています。

ドル円はユーロドル、ポンドドルと並んで圧倒的な取引量を誇るメジャー通貨です。2022年9月以降は日本の政府・日銀が大規模な為替介入に踏み切ったために乱高下しました。為替介入が終わった後は再びテクニカルにきちんと反応する場面も多くなってきたように思います。ただ、今までとボラティリティが段違い。動きも速くなりました。

それは、ユーロドルにも言えます。

メジャーでたくさんの人がトレードするがゆえに引っ張り合いになり、値幅が出ない。その弱点を克服してしまった今、スプレッドも小さいドル円、ユーロドルは是非とも狙って行きたい通貨ペアです。しかし、この状況もいつまで続くか分からない。時流に合わせて変化して行く相場に頑張ってついて行きましょう。

ロングでドル円の上昇に乗るためには、どんなシグナルを狙えば良いのか。**図5-7**の①〜⑥を見て、ロングするポイントと根拠を考えてみてください。

260〜261ページにリオンが考えた見解をご紹介します。

図5-7　ドル円の値動きやMAを見てロングするポイントと根拠を考えてみよう

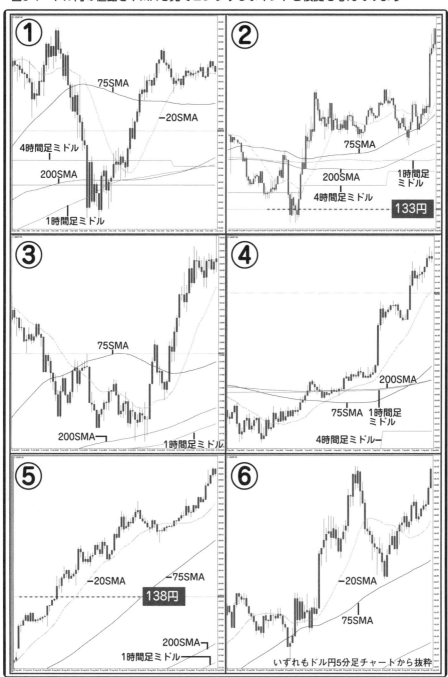

FX ドル円ロングでの組み立て方

　図5-7の①〜④についての、リオンの見解を260ページの**図5-8**に
まとめましたのでご覧ください。

① 　下値で集束したSMAの束（1時間足ミドル、200SMA、4時
間足ミドル）で下げ止まって、再びSMAの束を超えて行く動き。
例えば陽線aの4時間足ミドル突破でエントリー（①）
② 　133円のキリ番前後での下ヒゲ連発や4時間足ミドル上抜け
などで先回りロング（①）。75SMAなどMAの束を上抜け（②）、
レンジ相場に移行後、そのレンジ上限突破（③）など上昇トレン
ドへの転換の初動を狙ってロング

図5-8　図5-7①〜④のロングポイントと根拠についてのリオンの見解

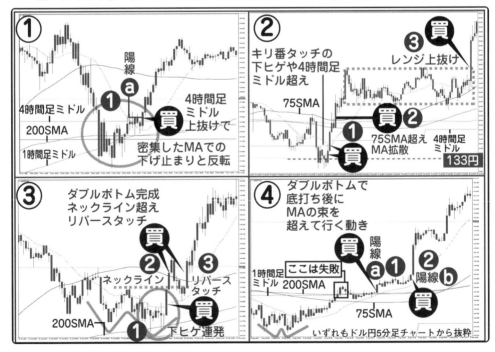

③　200SMAでの下ヒゲ連発（①）やダブルボトムのネックライン突破（②）、ネックラインへリバースタッチした後の反発（③）

④　ダブルボトムで底打ち後に、MAの束を超えて行く押し目後の上昇の動き。直近高値を超えた陽線a（①）やb（②）でエントリー

　図5-7の⑤と⑥のリオン見解は**図5-9**のようになります。

⑤　強烈な上昇トレンドが続く中での138円突破（①）、20SMAタッチ（②）やいったん割り込んだ後の20SMA再度上抜け（③）でロングエントリー

　2022年3月から10月のドル円は上昇一辺倒だったため、底値圏や天井圏でウロウロといった状況はなかなか見つかりませんでし

図5-9　図5-7⑤～⑥のロングポイントと根拠についてのリオンの見解

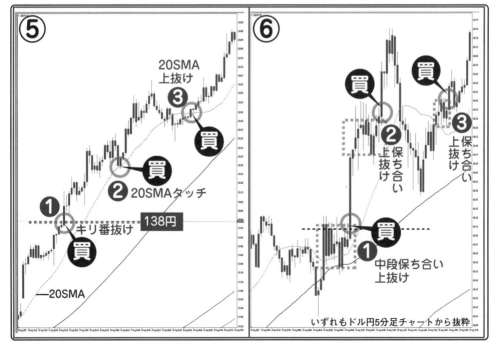

た。

　トレンドフォローの押し目買いが一番適していた時期なので、初心者の方でも比較的勝ちやすい通貨ペアだったと思います。

　通貨ペアをひとつに絞ることをまずおすすめしてはいますが、

「トレンドがはっきり出た、一番勝ちやすそうな通貨ペアをその時々の相場状況で選ぶ」

　というのが実は最強ではないでしょうか。私がもっと器用だったら、そうしていると思います。

⑥　上昇トレンドが続いている場合は、中段保ち合いからの上放れも重要なエントリーポイントです。①のゾーンの保ち合い上抜けは欧州時間開始直前でした。その後、②や③のゾーンでも保ち合い上抜けが起こっています

🅵🆇 上位足ミドルにタッチした押し目でロング

　自分が取引したい通貨ペアが**上位時間足のMAにどのように反応するか**も過去のチャートをさかのぼって見てみてください。

　5分足チャートで取引する場合は、1時間足ミドルから週足ミドルまでが**サポートやレジスタンスとしてよく効いているか、効き方はピッタリかアバウトか**、といったことをチェックします。

　5分足チャートのドル円は上位足ミドルでピッタリ下げ止まったり上げ渋ったりする傾向が見られます。

　図5-10は2022年7月下旬に米国の景気後退懸念で長期金利が低下し、ドル円が上昇相場の調整局面に入った前後の4時間足チャートです。

　7月14日にドル円は139円超えの水準まで上昇していましたが、8月1日朝には130円台まで下落。**週足ミドルでほぼぴったり止まっ**

図5-10　上位足ミドルを使ってロングのゾーントレードを行う具体例

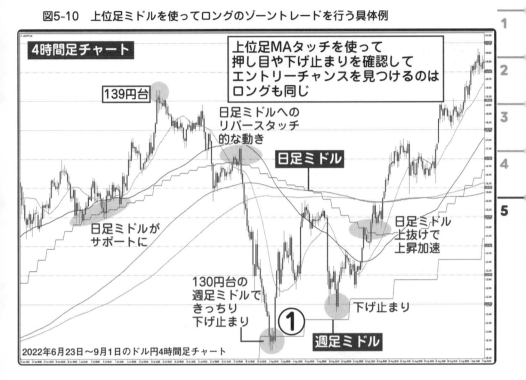

て（①）、上昇に転じました。こういった場面ではリオン式ゾーントレードも使えます。

FX ドル円下落後の反転上昇をゾーントレード

図5-10のドル円が週足ミドルにタッチしたゾーンをクローズアップしたのが、次ページ**図5-11**の5分足チャートです。

ドル円は8月2日10時30分に1ドル130円30銭台の**下ヒゲ安値a**をつけて下げ止まって上昇に転じました。

この場合、まずは**下ヒゲ安値aを下限**に、その上方で**2本の下ヒゲが並んだ安値bを上限**にした値幅を**ゾーン**と考えます。

そして、ドル円がそのゾーンに入った後、反転上昇したらロング

図5-11　ロングにおけるゾーントレード　ドル円週足ミドル近辺で下げ止まりの具体例

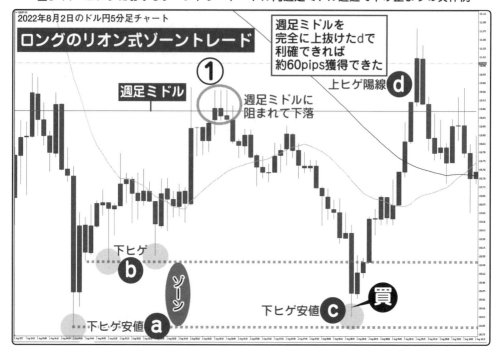

エントリーする、というゾーントレードの戦略を立てることが出来ます。

　損切りラインはゾーン下限の下に上位時間足の分かりやすい安値があれば良いのですが、はっきりとしたサポートラインが見あたらないので下ヒゲ安値aの20〜30pips下に設定します。

　ドル円ほどの巨大な取引量がある通貨ペアでも、週足ミドルの存在感は絶大で、その後は週足ミドルが上昇を阻むレジスタンスとして機能しました。

　下ヒゲa、bの安値をつけた後に上昇したものの、週足ミドルに**上ヒゲ数本でタッチ**（①のゾーン）して跳ね返されます。そして、14時25分には設定した**ゾーンの中まで下がって来て**下ヒゲ安値cをつけました。

　下ヒゲ安値cでの下げ止まりを確認したところで**ロングエントリ**

します。

　その後、週足ミドルタッチでいったん利益確定したとしても40pips前後。週足ミドルを完全に突破した上ヒゲ陽線dまで頑張れば、60pip以上の利益でした。

（FX）ゾーンから上昇トレンド転換へ向かう時のトレードプラン

　その後は**図5-12**のように横ばいで推移しています（点線の四角①の中段保ち合い）。

　NY時間に入った夜22時に**ダブルボトムが完成しそうになった時の陽線aや次の陽線でネックラインを超えたところ**（75SMA超えも重なっている）など、その後も上昇に向かう動きをとらえたエント

図5-12　ロングにおけるゾーントレード　上昇トレンドへ回帰する局面の具体例

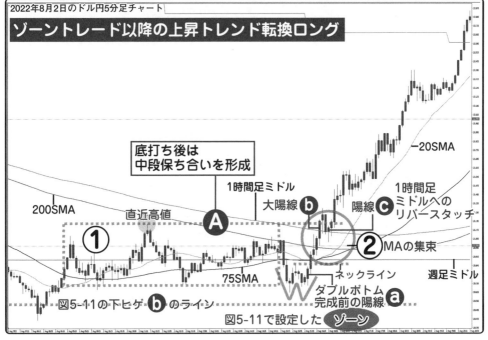

リーポイントがあります。

図の②のゾーンでは、右肩下がりの1時間足ミドルや200SMAが、団子状態で推移していた20SMA、75SMA、週足ミドルに加わって、MAが1か所にぎゅっと寄せ集まっています。

そこから**1時間足ミドルや直近高値ラインAを上抜けた大陽線b**、いったん下落して**1時間足ミドルに下ヒゲがリバースタッチした陽線c**も上昇トレンドへの転換を狙ったエントリーポイントでした。

ここからは上昇が鮮明になり、8月2日の安値から3日深夜のNY時間にかけて、ドル円は2円以上も上昇しています。

一晩で200pipsも獲れるほどの力強い上昇だったので、その分、ロット数を減らしたとしても、仮に200pips×10万通貨なら20万円の利益を得ることが出来ました。

やはり**トレンドのはっきりした通貨ペアはとても獲りやすい**のです。

この時期のドル円を**リオン式ゾーントレードの下ヒゲハント**で獲れたなら、とても良いトレードになったと思います。

ドル円にはドル円、クロス円（米ドル以外の通貨と円の通貨ペア）にはクロス円、ドルストレートにはドルストレートの値動きの癖があります。

マイナー通貨とメジャー通貨の差、関わる国（豪ドルの値動きには中国が影響するなど）、ファンダメンタルズの影響なども考慮して行くとなると、やはり、通貨ペアはひとつかふたつが扱える限界かと私は思います。

🅕🅧 ユーロドルの下降トレンドにトライ

ドル円以上に取引量が多く、時には大きく乱高下する**ユーロドル**。日本では円安ばかりがクローズアップされていましたが、**2022年のFXの一番のトレンドは「ドル高」**でした。

　インフレで高金利政策をとり、2022年6月から11月に計4回も0.75％の超大幅利上げを続けた米国ドルは、金利差拡大を受けてほぼ全ての通貨に対して上昇しました。

　ユーロドルも当然、その影響を受けました。こちらはユーロをドルで売買する取引のため、ドル円とは正反対に**強い下降トレンド**が続きました。

　下降トレンドがどんな値動きになりやすいか、2021年8月末から2022年11月のユーロドルの日足チャートを見てみましょう（**図5-13**）。

　下降トレンドではローソク足を一番下に、長短MAが右肩下がりで下落して行きます。

　ショートで獲るなら、**ローソク足が上値に位置するMAにタッチ**したところが狙い目になります。画面上では、日足チャートの

図5-13　下降トレンドで起こりやすい値動きの検証

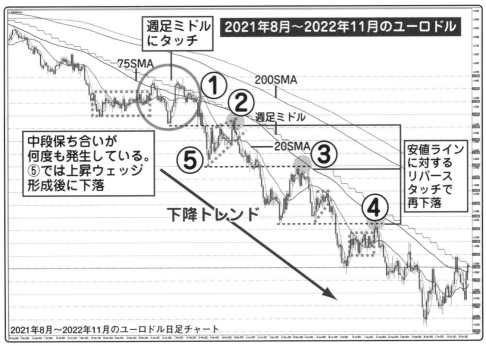

75SMAや週足ミドルが上値抵抗帯になっていて、そこまで戻った①の地点などがショートエントリーの候補です。

　また、下落の過程では、図の中に点線で示した中段保ち合いが何度も登場しています。その保ち合い下限を割り込んだところもショートエントリーのポイントです。

　また、下落途中でつけた安値ラインに注目すると、**いったん安値ラインを割り込んだ後のリバースタッチ**を根拠にショート出来ます。

　図でいうなら、②や③、④の上ヒゲなどが過去の安値ラインに対するリバースタッチになっています。

　下降トレンドの通貨ペアをショートで狙う場合は、

●**上値にある、トレーダーに意識されているMAへのタッチ**

●**中段保ち合いのレンジ下限のラインを下へブレイク**

●**安値ラインに下からリバースタッチ**

　といったポイントが、日足レベルでのショートエントリー候補になります。

　そうした日足チャートのターゲットになる「何か」に水平線やトレンドラインを引いて、5分足チャートで具体的なエントリーポイントを探して行きます。

（FX）中段保ち合いの下値ブレイクでショートの具体例

　例えば、図5-13の日足チャート内で起きた上昇ウェッジ形成後の下落局面（⑤）をクローズアップしたのが**図5-14**になります。

　この場面で出現した2022年3月30日から31日の陽線a→陰線b（①）は、**「陰の包み足」**と呼ばれる組み合わせです。陽線aで過去の安値ラインAを突破後に陰線bで再び割り込んでいます。さらに、**「上昇ウェッジ」**という、くさび形の保ち合い高値を結んだレジスタンスラインにも、上昇が跳ね返されています。

図5-14　下降トレンドにおける中段保ち合い・上昇ウェッジの具体例と基本戦略

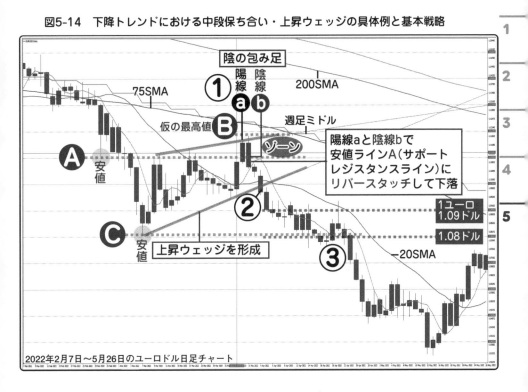

2022年2月7日～5月26日のユーロドル日足チャート

「上昇ウェッジ」は上昇という名前がついていますが、下降トレンドにおいてレートが**右肩上がりで先すぼみの上向き三角形**のレンジ相場を形成した後、下に大きく下落する時に出来るチャートパターンです。

　上昇ウェッジの上限ラインを突き抜けた**陰線bの上ヒゲを仮の最高値B**と想定して、**最高値ラインBと過去の安値ラインAの間をゾーン**と見なし、そこまで上昇したらショートエントリーといった戦略を立てることが出来ます。

　損切りは最高値ラインBかそれよりも少し上。利益確定は下値にMAが見あたらないため、1ユーロ1.09ドルや1.08ドルといったキリ番に設定します。

　その後、一度もゾーンの中に入ってくるような反転上昇の動きはありませんでした。下降トレンドが強力だったんですね。

ゾーントレードの次は、これまで**下落を止めるサポートだったライ**
ンをレートが割り込む動きを狙います。

　例えば、上昇ウェッジの下限を割り込んだ②、上昇ウェッジの起
点となる安値ラインCを割り込んだ③のポイントでショートエント
リーが出来たと思います。

　日足チャートで見て、長期下降トレンドが続いているのは明らか
でした。そういう時は、**反発上昇をなるべく引きつけて**入り、その
後の**下落加速局面で追加ショート**を加えて行けば、あまりストレス
なくトレード出来ると思います。

🔲 下降トレンドのユーロドルでの ロング戦略

　ユーロドルをロングで狙うと決めた投資家には、この下落局面で
全くチャンスがなかったのでしょうか?

　下降トレンドが鮮明な通貨ペアをあえてロングだけで狙うのは難
しかったと思います。

　ただ2022年3月から10月のユーロドルは、ドル円の一方通行の
上昇に比べると、**下降トレンドの中での一時的な戻り**は大きなもの
でした。大きめの戻り目ならロングも出来たかと思います。

　例えば、先ほどの下落途中に上昇ウェッジが形成される過程の戻
り局面のひとつ(2022年3月29日AM7時以降)をクローズアップ
した5分足チャートが**図5-15**になります。

　5分足チャートで見ると、図の①のゾーンで1時間足ミドルを一
番下に200SMA、75SMA、20SMA、4時間足ミドルに日足ミドル
も加わった**MAの大集束**が起こっていたんですね。

　これまで大きく下落して来たのでMAはどんどん拡散していまし
た。しかし、**数日間の小さな動きで**、非常に狭い範囲に集束して来
ていました。

図5-15　下降トレンドでロングトレードを狙える場面

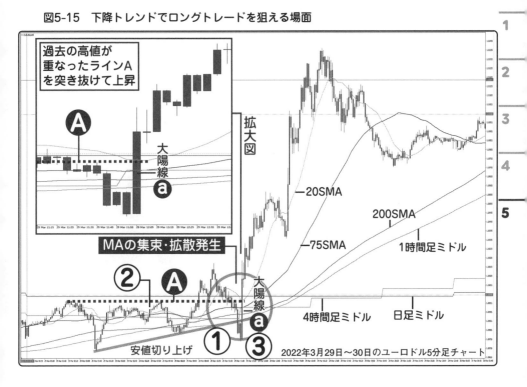

この5分足チャートを見れば、たとえ長期的には下降トレンドが続いていてもロングエントリーを狙いたいですよね。

横ばいが続いた後、安値を切り上げて上昇が始まり、75SMAを飛び超えた②のポイントなどで打診買いも出来ました。

結果は最大17pips程度上昇しただけで下落に転じて失敗しました。ただ、ここまでMAが集結していると、集束したMAを上に抜ける動きはロングでも狙える場面です。

上に抜けてから押し目がぐいっと来ても、MAの束に下から支えられて下に抜けられない。こういう時に入りたいなと思います。

その後、③のポイントでは、3月29日夕方18時5分の**大陽線aで移動平均線の束を全て飛び超えるほど上昇**。過去の高値が重なったラインAも勢いよく突破しています。

大陽線aの実体上辺と過去の高値ラインAの間をゾーンと考えて、

そこまで戻って来たらロングでも良かったですね。

　結果的には大陽線aの後、さしたる押し目（リバースタッチ）もなく一気に急上昇しました。

🍀FX 欧州通貨は欧州時間開始直後の値動きが一番大きい

　ユーロドルは**夕方16時〜17時の欧州時間開始直後に大きく動き**、その後、**18時〜21時ぐらいに第2波**が来ます。そして**21時から23時くらいに米国勢が参加**して来ると本格的に動き出します。

　参加人数ではここがピークになりますので、「激しい値動きで振り落とされそうになる」という感想もよく聞きます。

　ユーロドルは、ユーロと米ドルの両替ですから、TYO時間はほぼ動きません。間違ってエントリーすると、ずっと小さなレンジにおつき合いすることになります。

　日足チャートで下降トレンド継続が鮮明でも、5分足チャートでは、前ページで見た図5-15のような底打ち反転から短期上昇トレンド回帰に向かう流れが生まれることもあります。

　通貨ペア特有の時間的な値動きの癖もしっかり把握できていれば、下降トレンドでロングも狙って利益を積み重ねることも出来ないことはないと思います。

　ただ、出来ればどちらか一方に最初は絞ったほうがいいでしょう。2022年の場合、ユーロドルならショート、ドル円ならロングが後から振り返ると正解でした。

　通貨ペアをひとつに絞るなら、「明らかに一方向で手が出せない時は静観する」で良いと思います。

　私も週に1日か2日は「今日はショート無理」という日があるので、その日はお休み。見るだけにしてアラートだけセットします。

終　章

一

ギガ速で
勝率７割を目指す！
リオン式
ゾーントレード・ドリル

リオン式ゾーントレードの復習を兼ねて、ドリル問題を作成しました。
真っさらなチャートを見て、あれこれいっぱい書き込んでみてください。
リオンの回答が正解というわけではありませんが、参考にしてください。
皆さんのトレードのヒントになりますように。
なお、見開きに「Ｑ（問い）」と「Ａ（答え）」が載っている問題も
あります。１ページずつ見るようにしてください。

Q1 図はポンドオージーのリオン式5分足チャートです。❶〜❼のMA（移動平均線）はいったいどの足の期間数いくつのMAでしょうか？　またMAの並びからこの期間のポンドオージーのトレンド状況を答えてください。

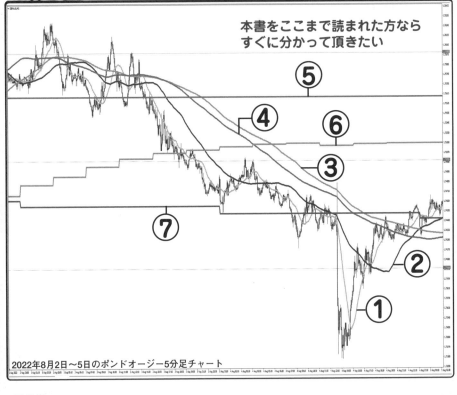

本書をここまで読まれた方なら
すぐに分かって頂きたい

⑤ ④ ⑥ ③ ⑦ ② ①

2022年8月2日〜5日のポンドオージー5分足チャート

回答欄

────────────────────────────────
────────────────────────────────
────────────────────────────────
────────────────────────────────

ヒント 短い期間のMAのほうが、ローソク足の値動きに素早く反応します。カクカクした上位足MAはそのカクカクが変化する間隔でどの足のものかが分かります。

①20SMA　②75SMA　③1時間足ミドル（5分足240SMA）　④200SMA　⑤週足ミドル　⑥4時間足ミドル　⑦日足ミドル

トレンド状況　長期的には下降トレンドが継続中。そこから上昇したものの、週足ミドルに跳ね返されて下降トレンドに戻って行く初期段階

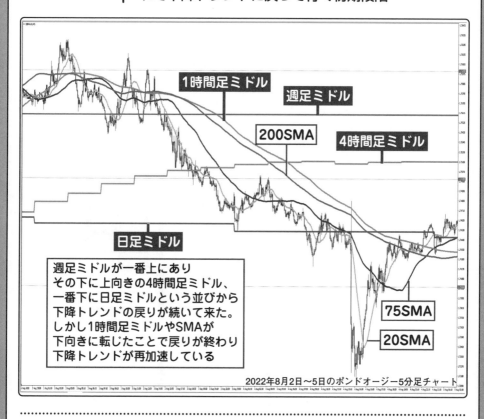

1時間足ミドル

週足ミドル

200SMA

4時間足ミドル

日足ミドル

週足ミドルが一番上にあり
その下に上向きの4時間足ミドル、
一番下に日足ミドルという並びから
下降トレンドの戻りが続いて来た。
しかし1時間足ミドルやSMAが
下向きに転じたことで戻りが終わり
下降トレンドが再加速している

75SMA

20SMA

2022年8月2日〜5日のポンドオージー5分足チャート

解説　Rionチャートは PC 上ではカラー表示されるので、すぐにどの期間の SMA かが分かります。

ローソク足の動きに一番敏感に反応しているのが、最も期間の短い MA になります。つまり、20SMA です。

次にトレンド状況の把握は、上位足ミドルの並びと傾きから推測

します。

　図の中央部分の上位足ミドルの並びは「週足＞1時間足＞4時間足＞日足」で、日足ミドルは下向き、4時間足ミドルは上向きです。並びから長期的には下降トレンドが続いているものの、短期的には上昇に転じてきたから4時間足ミドルが上向きと結論を下せます。また、ローソク足が週足ミドル上で少し揉み合った後に下落しているので、下降トレンドの戻り（反転上昇）が終わって再び下落した場面だということも何となく想像できます。

　かなりワイドな時間幅で見たQ1の場面は、下の図の四角い枠で囲った部分になります。

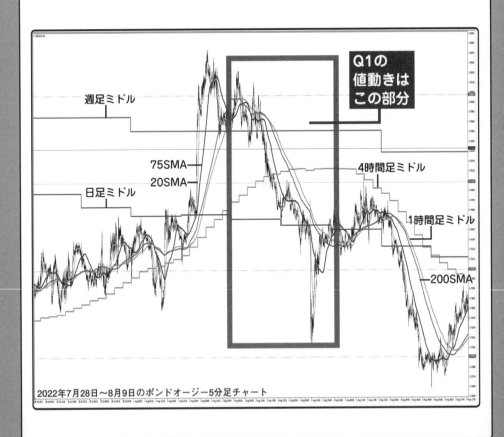

2022年7月28日〜8月9日のポンドオージー5分足チャート

Q2

こちらはRionチャートのポンドオージー4時間足です。気になるところにトレンドラインを引いてみてください。本数に制限はありません。

トレンドライン、
チャネルラインなど
傾きのあるラインを
引いてみてください

2022年9月5日〜11月4日のポンドオージー4時間足チャート

回答欄

ヒント　右端の急落前の上昇を支えていたサポートライン、それと平行のチャネルライン、それ以前の急激な上げの方向性を確認するラインを引きましょう。

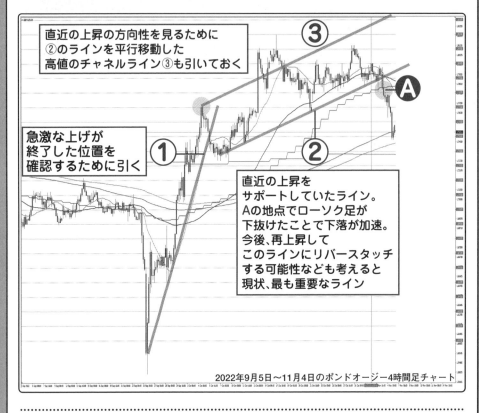

直近の上昇の方向性を見るために
②のラインを平行移動した
高値のチャネルライン③も引いておく

③

Ⓐ

急激な上げが
終了した位置を
確認するために引く

①

②

直近の上昇を
サポートしていたライン。
Aの地点でローソク足が
下抜けたことで下落が加速。
今後、再上昇して
このラインにリバースタッチ
する可能性なども考えると
現状、最も重要なライン

2022年9月5日～11月4日のポンドオージー4時間足チャート

解説　リオンが引くラインは①から③になります。

トレンドラインの引き方のコツは、最先端の動きの少し
前の値動きや高値や安値に注目すること。そうしないと、最先端の
値動きが過去のトレンドから見て、どんな状況にあるか分かりませ
ん。

　まず急激な上昇があった箇所に①のサポートラインを引きます。
このような直近の大きな上昇・下落局面には必ずトレンドラインを

引きましょう。①のサポートラインは現在のローソク足からは遠い
ところにあって、今後すぐ値動きに大きな影響を与えるラインでは
ありません。ただ、このラインを引くことで、急激な上げがあった
ものの、現在はそのラインの下で保ち合い相場が続いている状況を
把握できます。

　次に引くのは、現在のレートの方向性を見るためのラインになり
ます。直近のやや上昇気味の保ち合い相場の安値同士を結んでサポ
ートライン②を引きます。このラインを割り込んだことで現在、下
落が続いていることが分かります。
　今後、レートが上昇してライン②にタッチしたものの、また下が
ったらリバースタッチになります。

　さらに①の急騰の最高値を起点に、ライン②を平行移動したチャ
ネルライン③を引いて、保ち合い相場の上限レンジを設定します。
現状はライン②と③に挟まれた上昇含みの保ち合い相場が終わり、
下落が加速しているという状況判断を下すことが出来ます。

Q3

4時間足チャートのトレンドライン❶、❷、❸に加えて、自分なりに水平線をプラスして、チャート内でショートエントリー出来そうだった位置を記入してください。理由も考えてみましょう。この時点では4時間足チャートのみで判断するものとします。

1.81豪ドル
1.79豪ドル
1.77豪ドル
日足ミドル
1.75豪ドル
週足ミドル
1.73豪ドル

③
②
①

・高値ライン
・重要なサポートレジスタンスライン
・今後、下げ止まる可能性のあるライン
　という観点で引きましょう

2022年9月22日〜11月4日のポンドオージー4時間足チャート

回答欄

ヒント　直近高値を更新できなかったポイント、上位足MAや重要なサポートレジスタンスラインを割り込んだところなど、私なら3つの観点から売りを考えます。

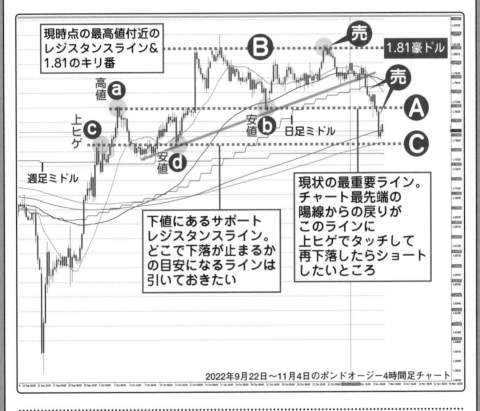

現時点の最高値付近の
レジスタンスライン&
1.81のキリ番

B

売

1.81豪ドル

高値 **a**

売

A

上ヒゲ **C**

安値 **b**

日足ミドル

C

安値 **d**

週足ミドル

下値にあるサポート
レジスタンスライン。
どこで下落が止まるか
の目安になるラインは
引いておきたい

現状の最重要ライン。
チャート最先端の
陽線からの戻りが
このラインに
上ヒゲでタッチして
再下落したらショート
したいところ

2022年9月22日〜11月4日のポンドオージー4時間足チャート

解説　リオンが引く水平線の候補は上の点線のAからCになります。

　A：レンジ相場に入る前の高値aを起点にした水平線で、最も重要なラインになります。このライン上には、その後のレンジ相場下限になる安値bも位置していて、サポートレジスタンス転換が起きています。さらに1.77のキリ番も重なっています。

B：現時点での最高値付近のレジスタンスラインかつ1.81のキリ番です。最先端のローソク足からは遠い位置にあるのでエントリー判断には使えませんが、レンジ相場の時は参考のために上限ラインを意識しておきます。

　C：過去に上ヒゲ高値cをつけていったん下落したり、突破後に安値dでリバースタッチした後、上昇が加速したサポートレジスタンスラインです。最先端のローソク足の下落が下げ止まるとしたらどこかを探るためのラインです。

　この4時間足チャート上でショートエントリーを狙うとしたら、
●最高値付近のレジスタンスラインBを抵抗帯にしてダブルトップが形成されそうな2度目の高値
●日足ミドルを下放れたところ
●Aのサポートレジスタンスラインを下にブレイクしたところ
　といったポイントになります。
　3つ目のサポートレジスタンスライン下抜けはかなり信頼できるショートエントリーのポイントかと思います。

ドリル4

Q4 ドリル3から4時間足でローソク足1本（4時間）分進んだポンドオージーのチャートです。この図にトレンドライン、水平線を追加して、最先端のローソク足の時点で考えられそうな動きを2つ挙げてみてください。もしくはリオン式ゾーントレードでリオンが考えそうなことを予想してみてください。

1.81豪ドル

1.79豪ドル

1.77豪ドル

1.75豪ドル

1.73豪ドル

最先端の陽線から
上昇するために
超えなければならないライン、
重要なサポート
レジスタンスライン
を引いてください

2022年9月22日〜11月7日のポンドオージー4時間足チャート

回答欄

_____

_____

_____

_____

ヒント 直近の値動きの近くにサポートレジスタンスラインがあります。最先端の急落局面にもトレンドラインを引いて、私は2つほどトレードプランを考えました。

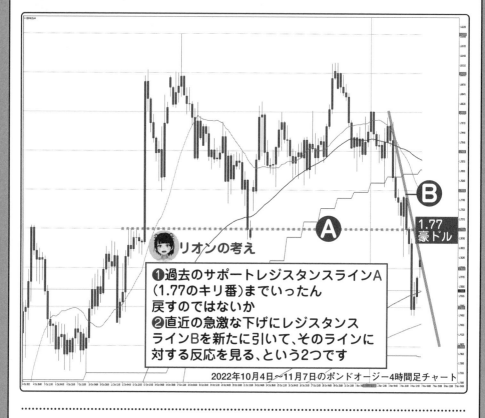

リオンの考え

❶過去のサポートレジスタンスラインA
（1.77のキリ番）までいったん
戻すのではないか
❷直近の急激な下げにレジスタンス
ラインBを新たに引いて、そのラインに
対する反応を見る、という2つです

2022年10月4日〜11月7日のポンドオージー4時間足チャート

解説　　1つ目のリオンの考え（①）は、ドリル3のA3で引いた
3つの水平線の中で最も気になるサポートレジスタンスラ
インAまでいったん上昇するのではないか、というもの。

直近の値動きはかなり急激な下げです。こういう下げを見た時、
慌てて追いかけないように注意しましょう。これだけ下がっている
ところでショートすると、その後、急激に戻す可能性があり、危な
い位置です。

いったん上昇して上値にあるレジスタンスラインで跳ね返される
までちょっと手出しが出来ない場面。

　サポートレジスタンスラインAが位置する1.77のラインまで戻る
かどうかが注目ポイントです。

　2つ目のリオンの考え（②）は、急激な下落局面の高値を結んで
引いたレジスタンスラインBの上で、最先端のローソク足がどんな
プライスアクションを起こすかに注目すること。最先端のローソク
足は上ヒゲをつけてレジスタンスラインに跳ね返されています。た
だNY時間が終了してオセアニア、シンガポール、東京などのアジ
ア時間が始まる間に、ひとつ前のローソク足に対して「窓」（ロー
ソク足とローソク足の間に出来た空白）を開けて上昇しています。
そのため勢いは強いとも判断できます。

Q5 ドリル4で見て来た4時間足チャートを5分足チャートに切り替えました。斜めのラインがドリル4のA4で引いた直近の下落局面の高値切り下げのレジスタンスラインです。また5分足チャートの反転上昇局面にもチャネルラインを引きました。ここに水平線などを追加して「この後、どうなればエントリー出来るか、または出来ないか」を考えてください。

ショートエントリー
出来そうなポイントは3つ。
ひとつは1時間足ミドルが関係します。
時間帯にも注意を払いましょう

4時間足のサポートレジスタンスライン

1.77豪ドル

ドリル5の
4時間足に引いた
レジスタンスライン

1時間足ミドル

1.76豪ドル

TYO時間
AM9:30

2022年11月4日～7日のポンドオージー5分足チャート

回答欄

ヒント 284ページのA4の4時間足に引いたサポートレジスタンスラインAなどを元に損切りポイントを決めましょう。エントリーは5分足チャートで判断します。

① Aの4時間足の重要ラインまで来たら「ゾーントレード」
② 新たに引いた5分足のサポートレジスタンスラインBへのリバースタッチ
③ 1時間足ミドルや上昇局面のサポートラインC割り込み
　という3つのポイントでのショートプランで臨む。
　AM9:30は豪州の指標発表が多いのでチェックする

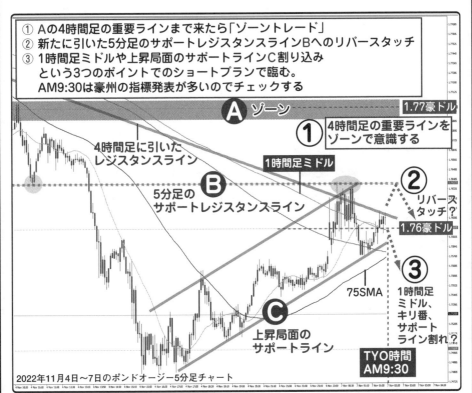

A ゾーン —— 1.77豪ドル

4時間足に引いた
レジスタンスライン

1時間足ミドル

B 5分足の
サポートレジスタンスライン

C 上昇局面の
サポートライン

75SMA

① 4時間足の重要ラインを
ゾーンで意識する

② リバース
タッチ？

1.76豪ドル

③ 1時間足
ミドル、
キリ番、
サポート
ライン割れ？

TYO時間
AM9:30

2022年11月4日〜7日のポンドオージー5分足チャート

解説　ショートエントリーのポイント①：ドリル4の回答で本命ラインに決めた4時間足チャートのサポートレジスタンスラインA付近にある5分足チャートの高値にもラインを引いて2本の線でゾーンを作ります。ここまで上がったらショート、上限を超えたら損切りというゾーンになります。

②：新たに5分足チャート上で過去に安値、高値での揉み合いが

重なったサポートレジスタンスラインBを引きます。このラインB
に裏からぶつかって下げたらリバースタッチなのでショート可能。
現在、4時間足のレジスタンスラインを上抜けて来た5分足チャー
トの値動きを注意深く観察します。

　③：最先端のローソク足のすぐ下には、1時間足ミドル、1.76の
キリ番があります。ここを下に抜けた上で、5分足の上昇局面の安
値同士を結んだサポートラインCも割り込んでくれば、ショートし
ても安全です。
　以上の①から③がリオンの着眼点になります。
　Q5の最先端のローソク足はTYO時間でAM9時20分のもの。AM9
時30分にはオーストラリアの経済指標発表がある日も多いので、
それを待ちながら、①〜③のシナリオが起こるかどうかを観察しま
す。

　その後の値動きは右の図のようになりました。
　想定したような、③の1時間足ミドルや1.76のキリ番、上昇局面
のサポートラインCを割り込むような下落は起こりませんでした。
また②の5分足サポートレジスタンスラインBへのリバースタッチ
後の下落も明確なものではなく、その後は75SMA上で下げ止まっ
ています。
　ショートオンリートレーダーは実質、値動きの半分（上昇局面）
が見送りになります。
　ただ、この推理というか妄想というか、色々考えるプロセス自体、
凄く楽しいんですよ、私。
　負けている2年間もそうでした。チャートを見ているのが好きな
んです。
「エントリーしないで、ただチャートを見ているつもりだったのに、

発作的に入ってしまうんです！」というご相談も多いのですが、そういう方はXMTradingのマイクロ口座に少しだけ証拠金を入れて、100〜500通貨くらいで入ってみるのはいかがでしょう。

　最大レバレッジ1000倍ですので証拠金10円、20円でリアルトレードが出来ます（ただし、1万円以下は入金手数料がかかり、40万円以下は出金手数料もかかりますので、手数料はしょうがないと納得できる方のみリアルトレードを。それ以外の方はデモ口座で）。

　トレードしたいという欲求を抑え込むことがストレスになるなら、そういう方法で発散しても良いと思います。

　リアルトレード以上の勉強法はありません。100円程度の勝ち負けでも、何かが掴めるかもしれません。

　「適当に入っても勝てない！」と実感するのも良い経験かも。

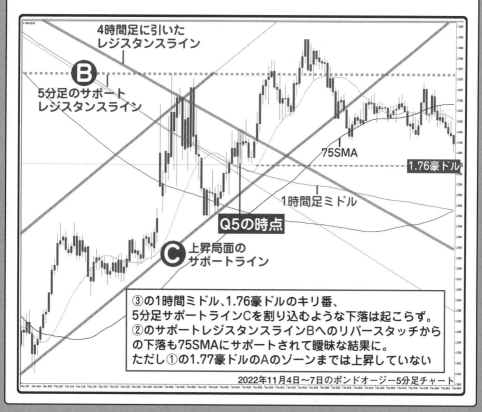

4時間足に引いた
レジスタンスライン

Ｂ

5分足のサポート
レジスタンスライン

75SMA

1.76豪ドル

1時間足ミドル

Q5の時点

Ｃ　上昇局面の
サポートライン

③の1時間ミドル、1.76豪ドルのキリ番、
5分足サポートラインCを割り込むような下落は起こらず。
②のサポートレジスタンスラインBへのリバースタッチから
の下落も75SMAにサポートされて曖昧な結果に。
ただし①の1.77豪ドルのAのゾーンまでは上昇していない

2022年11月4日〜7日のポンドオージー5分足チャート

図はこれまで見て来たポンドオージーの値動きを1時間足で見たものです。仮にあなたが買い専門のロンガーだったとします。水平線やトレンドラインを引いた上で「この後、どうなれば買いエントリー出来るか？」、考えてみてください。3つほど着眼点があります。

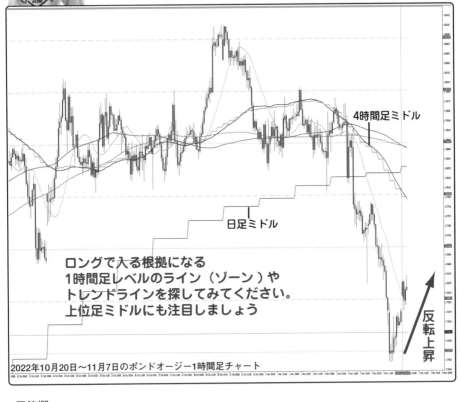

4時間足ミドル

日足ミドル

ロングで入る根拠になる
1時間足レベルのライン（ゾーン）や
トレンドラインを探してみてください。
上位足ミドルにも注目しましょう

反転上昇

2022年10月20日〜11月7日のポンドオージー1時間足チャート

回答欄

ヒント　最先端の反転上昇の値動きの上値にサポートレジスタンスラインがあります。そこを目安に買いエントリー出来るための根拠を探しましょう。

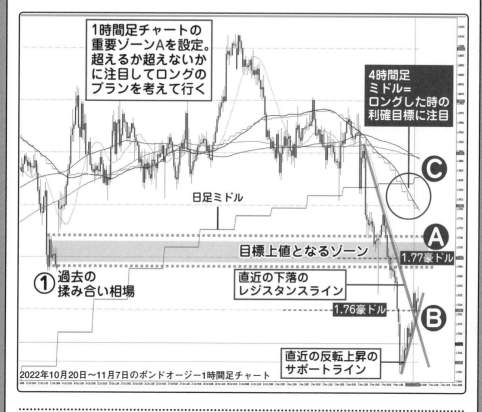

1時間足チャートの重要ゾーンAを設定。超えるか超えないかに注目してロングのプランを考えて行く

4時間足ミドル＝ロングした時の利確目標に注目

Ⓒ

日足ミドル

Ⓐ

目標上値となるゾーン

1.77豪ドル

①過去の揉み合い相場

直近の下落のレジスタンスライン

1.76豪ドル

Ⓑ

直近の反転上昇のサポートライン

2022年10月20日～11月7日のポンドオージー1時間足チャート

解説 ドリル6の図はQ2やQ3の4時間足チャートの値動きを1時間足で見たものです。1時間足で見るとまた新しい視点を発見できるので、トレードの際は1時間足→4時間足→日足と時間を広げて全体像を把握することを忘れないでください。

その1時間足チャートでリオンが注目したポイントは、図に示したA、B、Cになります。

A：現状はキリ番の1.76を突破して急角度で反転上昇している状況です。ここからの目標高値Aをまず設定します。図では過去の揉み合い相場①のレンジ上限が、ちょうど急落局面の安値や揉み合いゾーン下限と重なっています。そこで過去の揉み合い相場①の上限と下限を起点に2本の平行な線を引いて、ゾーンを設定します。

　このゾーンの内にはキリ番の1.77があります。
「ゾーンに入って1.77を突破したら上方向に行く可能性が高い」と考えてロングエントリーを検討します。

　B：直近の急激な下落の高値同士を結んで高値切り下げのレジスタンスラインを引きます。現在のローソク足はその切り下げラインを突破し、急角度で反転上昇しています。この急上昇の安値同士を結んで急角度のサポートラインBを引きます。このサポートラインを割り込んだら損切りと決めて、今すぐロングで入る着眼点もあります。ただし、根拠の薄いエントリーになります。

　C：日足ミドルが上向きで4時間足ミドルは下向き。上昇トレンドでの下落調整局面から多少反発したというのが現在の状況です。もしAで設定した目標上値となるゾーン内で買って、ゾーン下で損切りするというシナリオの場合、利益確定ポイントは上値の4時間足ミドルになります。

　4時間足ミドルはかなり急角度で落ちて来ています。買ったとしても右肩下がりの4時間足ミドルに上昇を阻まれる可能性もある、というように様々な可能性を想定しておきます。

　このようにロングでエントリーする場合は、最先端のローソク足からさらに上昇の勢いが確かなものになった時のサポートレジスタンスになりそうなゾーンを設定。買った時の利確目標（この場合は右肩下がりの4時間足ミドル）、損切りポイント（この場合は反転上昇のサポートラインBを割り込んだところ）を想定した上で、値動きを観察します。

ドリル7

図はQ6の1時間足チャート時点の値動きを5分足チャートでクローズアップしたもの。先ほどの1時間足での着眼点を元に、今後、ロングエントリー出来そうなポイントを考えてみてください。「買えない」と思えば、それも答えです。現在の時間はTYO時間の昼12時を少し過ぎたところです。

直近の上昇局面に
チャネルラインを
引いてみましょう。
MA やキリ番にも注目

4時間足ミドル

1.77豪ドル

1時間足ミドル

75SMA

20SMA

1.76豪ドル

1.75豪ドル

2022年11月3日〜11月7日の
ポンドオージー5分足チャート

回答欄

- -

- -

- -

- -

ヒント 直近の上昇の方向性を見るためにトレンドラインを引きましょう。最先端のローソク足は重要なサポートレジスタンスライン上にあります。そのラインは？

サポートレジスタンスラインAに
リバースタッチした後、上昇すれば
ロングもあり。チャネルラインBや
キリ番C（1.77豪ドル）突破なら上昇に
弾みがつくといったシナリオを立てる

C
1.77豪ドル

過去の安値や直近の高値aが
重なるサポートレジスタンスライン

A

高値を結んだ
チャネルライン

B

高値
a

20SMA

直近の反転上昇の
サポートライン

2022年11月4日〜7日のポンドオージー5分足チャート

解説　A：最先端のローソク足は、高値形成前の安値や下落途中の安値を通り、直近の揉み合い高値ラインや直近高値aとも重なるサポートレジスタンスラインAに陰線で上からタッチしています。ここから上昇に転じれば、サポートレジスタンスラインに対するリバースタッチ完成で、発射台になるならロングも検討します。少し弱い理由ですが、20SMAが下値でサポートとして機能するようならエントリー出来るかもしれない、と考えます。

B：5分足チャートの上昇局面の高値同士を結んでチャネルラインBを引きます。その上限ラインまで到達した上で、上限ラインを上に抜けるなら、その上の1.77まで上がるのでは、と考えます。これは、チャネル上限をどんなローソク足で突破できるか次第。大陽線で抜けるようならロングも視野に入れます。

　C：1.77まで上昇すれば、いよいよ上方向に本格的に向かうかもしれないと考えられます。ただ、最先端のローソク足の時間はTYO時間の12時。1.77まで行くのは16時以降の欧州時間に入ってからではないか、といった時間的制約も視野に入れておきます。

　では、その後の動きはどうなったのでしょうか。

大陽線
大陽線ⓑ
チャネルライン Ⓑ
大陽線
①
大陽線ⓐ
Ⓐ
サポートレジスタンスライン
Q7の時点
ⓒ
4時間足ミドル
1.77豪ドル
夕方17時
日本時間
11月8日 AM1時
2022年11月4日〜7日のポンドオージー5分足チャート

前ページの図は2022年11月4日のTYO時間開始後から、TYO時間11月8日昼過ぎまでのポンドオージーの動きを5分足チャートで示したものです。

　Q7の最先端の時点は真ん中あたりの①のポイントになります。

　Q7のA〜Cのトレードプランを見て行くと、Aのサポートレジスタンスラインへのリバースタッチの後は反発せずに、ラインの下で横ばい推移。しかし、欧州時間が始まった17時15分に大陽線aが出現。サポートレジスタンスラインAを突破して急上昇しました。

　ただ、反発上昇局面に引いたチャネルラインBを抜け切ることは結局、出来ませんでした。

　Cの着眼点で注目したキリ番の1.77は18時5分の大陽線bで突破。その後、このキリ番がサポートラインになって横ばい相場が続き、NY時間の中盤あたりの日本時間8日深夜2時5分の大陽線cで4時間足ミドルに到達しています。

終わりに

　本書をここまで読んで頂き、有難うございます。

　既に何度も書いてきたように、リオンはFXを始めて最初の2年間、全然勝てませんでした。

　「上手く行かない」「自分には才能なんてないんだ」「何で私にばっかり相場は意地悪するの？」「どうして他の人は勝ててるの？」

　何度もそんなことを思って落ち込み続けても、私にはもう他に人生を大きく変える手段がなかったあの時期、私を奮い立たせてくれる出来事もありました。

　近所のコンビニエンスストアのお兄さんと、コーヒーショップのお姉さんに同じ日、「大丈夫ですか？　元気出してくださいね」と、お兄さんには栄養ドリンク、お姉さんには小さなキーホルダーを手渡してもらいました。

　きっと負け続けて死にそうな顔だったから差し伸べられた温かい手。勝てるようになってから、企業宛てにお礼状を出しました。

　そんなふうに私も誰かを支えたいと日々、TwitterやYouTubeの活動を続けています。

　FXにも人生にも、良いこともあれば、それと同じぐらい、悪いことも起きますよね。

　FXでは多分、良いことより先に、悪いことが襲ってきます。

　ただ、元々、様々な出来事には「幸か不幸か」なんて色づけはないそうで、その人の受け取り方次第です。

　負けても勝っても、昨日も今日もきっと明日も、誰もが平等に自由にエントリー出来る、今の日本の投資の世界。

　ほんの十何年か前までは10万通貨が取引の最低ロットでした。

今は手数料も安く、FX会社もしっかりサポートしてくれます。

数百円、数千円でFXトレードが出来て、ひょっとしたら数百万円になるかもしれない恵まれた環境。

でも、いつまでもこの平和が続くとは限りません。

実際、今まで想像もしなかったことが近年、続けざまに私たちを襲いました。

ある日、突然トレードが出来なくなる。

それが明日ではないとは言えない。だからこそ、毎日のトレードひとつひとつを大切にして行かなくてはと、今日も感謝しながら、チャートに向かっています。

FXで勝ち続けるには、**才能よりも努力と忍耐が決め手**になると思います。

努力したからといって絶対に勝てるわけではありませんが、同じような失敗をずっと繰り返さない努力は絶対に必要です。

そして、出来ればFXを楽しんで欲しいのです。

楽しいと思っていないと、どんなことも長続きしませんし、必死の形相で取り組んでも勝てるものではないんです。

では、楽しむためにはどうすれば良いのか？

蓄積したチャートの形状記憶と勝ち負けの経験から、

「勝ちやすいところを探す、

**　負けそうなところは決して入らない」**

という2つだけのように思います。

先日、私の同期で仲良しの女子トレーダーさんから素敵な言葉をもらいました。

「壁を超えてもまた壁が現れるの、今も、これからも、きっと。

それは、私たちがまだまだ成長できるということかもしれないし、変化して行かないといけないのかもしれない。

同じ苦しみなら『挑戦』だと思って、ワクワクしながら乗り越え

て行きたい」

　相場の世界は不思議で難解だけど、他にはない魅力があります。

　いっしょに行きましょう、目指すところまで。限界なんて自分で作らずに。

　2年間、ずっと負け続けたリオンが見出した光。それが「通貨ペア、ロングかショートか、取引時間」をひとつに絞ることでした。

　することではなく、しないことを決めて、打診エントリーと勝ち逃げに目覚めた時、やっと相場はリオンにも微笑んでくれました。

　かつての私と同じように「FXで勝ちたい、でも勝てない」と悔しい想いをされている全ての方々に、私と同じような成功体験を味わって頂きたいのです。

　本書の最後にお伝えしたいこと。

　それは、女性の地位が安定しているとは言い難いこの国で、FXは女性がたった一人で国、親、パートナーに頼らず生きて行くための武器になるということです。

　資金量でも情報量でも大投資家には何も勝てるものがない、日本の女子トレーダー、リオン。

　プロとアマチュアがいっしょに闘うことになるFXフィールドで、揉まれて、いっぱい泣いて、人としても大きく育ててもらいました。

　ここまで、決して楽だったとは言えませんが、「オリンピックで金メダルを獲る！」わけではないのです。

　私自身が弱い人間ですので「絶対にミスをしてはいけない」なんて言えません。

　人間だから、どんなに固く決意していても魔がさすこともありますし、時にはストップロスを設定する暇もなくエントリーした瞬間に大きな急変に巻き込まれることも起きます。

　でも、FXは4年に一度のワールドカップやオリンピックとは違って1回や2回、大きく負けても、また挑戦できるんです。

電気とネット環境とFX会社の口座と少しの資金さえあれば。

後はどんな時でも自分を制御できれば勝てるはずなんです（何だかんだで、自己抑制が一番大事な気がします）。

「女子でも男子でも、諦めない強い意志を持つ人ならきっと勝てるようになる」

そう信じています、私がそうだから。

FXは成功に至るまでに膨大な分析データとそれを常にインプットし続ける努力は必要ですが、運、コネ、ツテ、学歴、性別は関係ない、珍しい世界です。

FXの持つ無限のパワーで、自分らしく自分のしたいように、何の我慢もせず生きて行ける世界を是非、手に入れてください。

読んで頂いた全ての皆さんの夢を叶えるお手伝いが少しでも出来たらと願って、この本を書きました。

辛い、苦しい、悲しい、悔しい時。FXを諦めそうになった時。

あなたの成功を心から願っているリオンがいることを思い出して頂けたら嬉しいです。

最後にいつもトレードを手助けしてくれている、可愛いキャラクター達を紹介しますね。今後も私のYouTube動画に登場しますのでどうぞよろしくお願いいたします。

FXがあなたの人生の宝石箱になりますように。

リオンから、いっぱいのエールを込めて。

皆さんにたくさんの利益が積み重なって行きますように。

さあ、Let's 利☆On！

2023年2月　　　　　　　　　　　　　**FXVtuber リオン**

及川圭哉さんからの推薦文

最高峰のFXトレードノウハウを手に入れたいあなたへ

静かではあるが衝撃的………、
それが彼女（リオンちゃん）と最初に出会った時の感想でした。

それまでの2年間、FXトレードでまったく勝てなかった日が続く中、
たまたま僕（及川）のYouTubeトレード動画を見つけ、
そのまま僕のブログの読者さんとなり、
数々のコラムから彼女なりの「解釈」を得たことで
突如、勝ちまくるようになった『女性声優』。

これまでほとんど接することのなかったタイプのトレーダーから届いた
「直接会ってお礼がしたい」との言葉に抗えるはずもなく、
待ち合わせ場所に出向いた僕の前には
虫も殺せぬような"か弱い女の子"が立っていたのです。

彼女の象徴的なエピソードでもある『元手資金7000円からの大逆襲』。
このような奇跡にも近い成果を可能とした
FXトレードノウハウ自体の素晴らしさについては
本書をお読みのあなたなら、すでに十分、ご理解済みかと思います。

ただし、僕は、FX口座内にわずかに残された「7000円」という金額から
コツコツ利益を積み上げ続けたメンタルや、粘り強さこそに驚愕したわけです。

「彼女の"すべて"を迷えるトレーダー達に伝えたい」

現存する「FXトレードノウハウ」や"教科書"と呼べるモノの中で、
今、最も日本人の個人トレーダーにフィットした
『必勝スキル』がここにあります。

あなたと彼女（リオンちゃん）との出会いが
幸運かつ運命的なモノとなるかどうか。

それは今後のあなたの意欲と、上述の
まさに"粘り強さ"にかかっています。

本書をあなたのトレーダー人生における『大逆襲への狼煙』に、
ぜひとも昇華させて欲しい。

そのような強い願いを込め、
僭越ながら巻末のご挨拶をさせていただきます。

FXism主宰　及川圭哉

リオンが愛するFXキャラクター図鑑

リカオン

アフリカの小さなハンター「リカオン」。群れで協力しながら狙った獲物を追い回す。狩りの成功率はチーターやライオンをしのぐ約7割と言われている。リオンの勝率にも近い。集団で狩りをするそのスタイルに憧れ、リオンの分割エントリーが似ていると感じるところから、常にリオンのそばにいる守護神的な存在に！

デカリオン

100万円超えの利益が出た時に登場する親リカオン。

赤リカオン

負けてしまった時、救えなかったポジションがあった時に登場するリカオン。しょんぼり眉毛が人気だが、あまり登場して欲しくないキャラクター。

デビ

トレーダー心理に鋭く突っ込んで来るリカオン。トレーダーの心の中に棲み、現れた時は注意が必要。例えば、「損切りなんか延ばしちゃえよ」というデビの囁きを聞いてはいけない。

エル

トレーダーが困った時に助けてくれるリカオン。Twitterの一般公募で名前が決定。「エンジェル」を縮めて「エル」。「勝ちたいならルールを守らなきゃダメ」などと、トレーダーが無茶をしそうになったら止めてくれる。

ポンド君

イギリスのちょっとヤンチャな男子。気まぐれでわがまま、マイペース。相場の暴れん坊将軍と言われる英国ポンド（GBP）からイメージして生まれたイケメン。リオンは彼だけを一心に追いかけている。

円くん

ドル円、クロス円をイメージして生まれた優等生キャラ。リオンがFXを始めた2016年当時は1日のボラティリティが小さく落ち着いた印象だったのだが、最近は秘めた力を発揮し始めた。リオンは円ペアとの相性が非常に悪いため、めったに登場しない。

ビビリオン

本文中でも紹介した、養分のほとんどが疑心暗鬼で出来ている不思議の国の妖精（もしくは妖怪）。ビビりなリオンの性格そのまま。強くはないが決して死なない。

ベア相場とは下がっていく弱気相場のこと。熊が前足を振り下ろす仕草、または背中を丸めている姿をイメージして生まれたとされる。キュートな容姿から、主にショーターの間でファンも多い。名前の「モア」には、「もっと落ちて！」というリオンの必死の願いが込められている。

モア君

ブル相場は強気相場のこと。牛が角を下から上に突き上げる仕草から相場が上昇していることを表す。モア君と真逆でショーターには出て欲しくないキャラ。「ブルブル」と名づけたのはリオンの「怖い」という想いから。

ブルブル

オクティ＆ゲッソー

SSとは逆に、上がっていく時のローソク足のイメージ。タコ足、イカ足がMAに乗って現れたら逃げる、とリオンは決めている。このキャラはアラートの役目。決して悪いことをするわけではない。注意喚起してくれる優しい生き物。

リオンがショートエントリーする時のヒントになる「サボテンショート」の略称。ローソク足の上ヒゲが3本ぐらい出たら合図、という法則から、頭のヒゲは3本に。天井圏の他、途中の戻しにも出現する。

SS（エスエス）

最初は誰でも相場のカモになる、をイメージしたキャラ。自信満々なくちばしで相場に突っ込んで行く姿が愛らしく哀しい。ネギまでしょって。「絶対に這い上がって、いつか自分が相場をカモにする！」というリオンの決意から生まれた。

カーモネギー＝ホール氏

リオン

◎個人FXトレーダー、FXVTuber。

◎2016年、FXをスタートするも勝てない日々が続く。一念発起して入塾料が数十万円の高額FXスクールに入るも講師との相性が合わず、リタイア。小さい頃から優等生であると自負していた自信家が味わった初めての挫折で拒食症になり緊急入院。

◎しかし、2018年10月、病床で偶然ウェブ検索にヒットした、とあるFXブログ（FXism及川圭哉トレードブログ）記事をきっかけに大覚醒。連勝が続き、2018年11月以降、常に月間プラスの「負けなしトレーダー」となる。月間最高純利益は439万8926円（2020年5月4日～6月4日）。

◎1回のトレードにおける最近1年の最高獲得利益は201万2070円（2022年4月5日10時35分6秒～58分28秒にエントリー、同13時47分15秒に決済）。手法の根本は、①通貨ペア、②ロングかショートか、③取引時間を限定する「3つの絞り」。

◎現在は本業の声優も続けながらトレーダー集団FXismに所属。「FXトレードが持つ人生を変えるパワー」を多くの人に届けるために、Twitter、YouTube動画で日々情報を発信中。

◎好きなものは何よりも「漫画」。「大事なことは全てコミックに詰まっています♡」。名前の由来は「利益をOnする」でリオン。

Twitter：@LycaonFX
YouTube：FXism公式YouTube
https://www.youtube.com/@FXismOIKAWA

ギガ速FX　月の手取り439万円を獲得した
ゾーントレードの極意【完全無修正】

2023年3月31日　初版発行
2023年5月30日　3版発行

著者／リオン

発行者／山下　直久

発行／株式会社KADOKAWA
〒102-8177　東京都千代田区富士見2-13-3
電話 0570-002-301（ナビダイヤル）

印刷所／凸版印刷株式会社